La loi est un Glaive qui doit tranche indistinctement tout ce qui s'élève au dessus d'elle. l'Abbé Rainal.

Ces monstres en monceaux par puissance divine,
Annoncent les travaux de dame Guillotine).

COMPTE RENDU

AUX SANS-CULOTTES

DE LA REPUBLIQUE FRANÇAISE,

Par très-haute, très-puissante et très-expéditive Dame Guillotine, Dame du *Carrousel*, de la *place de la Révolution*, de *la Grève*, et autres lieux;

Contenant le nom et surnom de ceux à qui elle a accordé des passe-ports pour l'autre monde, le lieu de leur naissance, leur âge et qualités, le jour de leur jugement; depuis son établissement au mois de juillet 1792 jusqu'à ce jour.

Rédigé & présenté aux amis de ses prouesses, par le citoyen Tisset, rue de la Barillerie, n°. 13, coopérateur du succès de la république française.

Celui qui met un frein à la fureur des flots,
Sait aussi des méchans arrêter les complots.

A PARIS,

Chez { Petit, libraire. gal. de bois, maison Egalité;
Denné, libraire, passage du Perron;
la Cit. Toubon, sous les galeries du théâtre de la République.

De l'Imp. du Calculateur Patriote, au corps sans tête.

L'an deuxieme de la république française, une et indivisible, et deuxieme de la mort du tyran.

TABLEAU

DU COMPTE RENDU

Des favorisés de très-haute, très-puissante et très-expéditive DAME GUILLOTINE, *avec des notes intéressantes, que l'avenir rendra précieuses.*

DAME GUILLOTINE

A SES LECTEURS.

BRAVES RÉPUBLICAINS,

JUSQU'A ce tems j'ai toujours écouté dans un silence forcé, les louanges que vous avez donné à mon zèle & à mon activité. D'un bout de la république à l'autre, chacun vante ma prestesse & mon habileté à raccourcir les individus des deux sexes, qui ont prouvé par leur conduite infâme, qu'ils avoient la tête de trop.

Mais hélas ! toujours agir & ne point parler, quel tourment quand on est aussi utile, je ne sais par quelle faveur inespérée, par quelle magie, je ne dirai pas par quel miracle ; car on sait bien qu'il n'y a plus que moi & les armées républicaines qui en opérent. Enfin par quel prodige je jouis tout-à-coup de l'usage de la parole ; mais je prétends en profiter, & me dédommager du long tems que je me suis exercée sans proférer un mot.

O! mes amis, mes bons amis, ne vous scandalisez pas du titre que je vous donne, & ne le prenez pas de travers; ah! très-certainement je suis votre amie, & si je ne l'étois pas, vous rendrois-je autant de services, & me hâterois-je comme je le fais, d'envoyer à tous les diables cet assemblage de scélérats qui ont conspiré contre votre liberté chérie, & que j'ai taillés lestement pour leur ôter l'envie de continuer ou de recommencer.

Maintenant donc, que je crois que nous sommes parfaitement d'accord sur le titre d'amie que je prends avec vous, souffrez que je m'entretienne un peu de ma joie, tout ainsi que de mon chagrin; car je suis affectée de l'un & de l'autre.

D'abord, je suis républicaine, & je m'en vante; aussi ma joie est complette, quand une charrette bien garnie s'offre à mon aspect, & que je puis serrer dans mes bras un certain bon nombre de ces misérables, qui dans un régime détesté, vous eussent envoyé à la potence s'ils avoient pu.

Jugez, sur-tout, combien je suis délicieusement agitée, quand ma bonne fortune m'amene ces généraux traîtres, qui n'ont pas rougi de sacrifier tant de braves soldats de la liberté à leur ambition & à leur intérêt.

De la sensation agréable que j'éprouve quand je rogne un député parjure, un prélat conspirateur, un prêtre assassin, un accapareur maudit & les fournisseurs infideles; un nombre considérable de commissaires ordonnateurs, une dévote fanatique, &c. &c. Je tressaille de plaisir, & chaque fois que cela m'est arrivé, je me suis dit intérieurement : pourquoi faut-il que cette canaille-là n'ait qu'une tête, je leur en aurois souhaité dix; car, convenons-en, cette *soustraction-là* est trop tôt faite pour eux.

Au milieu de ces jouissances, où je ne m'arrête cependant que parce que je me glorifie d'être l'instrument qui sert à punir le crime, j'éprouve de très-vifs regrets. Je mets à la vérité un terme bien funeste à la scélératesse & à la perversité des hommes. Mais une quantité considérable de ceux que j'aurois désiré serrer de près, me sont échappés; consciencieusement pourtant, tout ce gibierlà m'appartenoit, leur génie familier, le diable me les emporta; que je ferois heureuse s'il me les ramenoit !

Stanislas-Xavier, *d'Artois*, *Bourbon*, *Condé*, *la Fayette*, *Bouillé*, *Lambese*, *Dumouriez*, que ne vous vois-je allignés dans le même tombereau, venir présenter gracieusement votre tête à la lucarne révolutionnaire, que je ferois enchantée de vous voir faire la bascule! Que n'y êtes-vous aussi, juges & huissiers destitués, qui vous êtes rangés au nombre des défenseurs officieux, pour faire percer votre caractere secret d'aristocratie.

Mon triomphe feroit-il complet? non, pas encore, j'en conviendrai cordialement, mon ambition est sans bornes, & il faudroit pour m'illustrer entiérement, une demi-douzaine de rois, un empereur, un pape, un Brunswick, sans compter ces deux vieilles sempiternelles, qui s'amusent à des patenôtres & à marmotter des *ave maria* auprès de ce vieux fourbe de *Pie VI.*; au moins je leur entendrois bredouiller leur *in manus*.

Ah! qu'une thiarre dans le panier feroit un merveilleux effet, & que la tête du saint pere ajouteroit à mes lauriers; l'idée de ne pouvoir en jouir m'attriste : ah ! si sa sainteté prétendue & le sacré collége des cardinaux vouloient s'émigrer de Rome & venir faire un tour à Paris, comme je le saluerois de bonne grâce, & que j'aurois de satisfaction à en faire subito des *Saint-Denis*, des *Saint-Jean-Baptiste*, des *Saint-Firmin* ! quel beau champ pour rouvrir la boutique aux miracles, fermée par la raison & la philosophie ! et qu'il seroit plaisant & admirable de voir ce sacré cortége retourner processionnellement à Rome, après l'exercice de nos fonctions, chacun sa tête sur ses bras, chantant joyeusement des litanies !

Oui, mes bons amis, tous ces événemens manquent à ma gloire & à ma réputation ; car enfin, que suis-je, foible guillotine, & comment me glorifier de mes travaux, deux têtes couronnées, un cousin du tyran, voilà mes exploits les plus éclatans ; français, irai-je me vanter d'avoir prodigué mes faveurs à des *mains* lâches, fourbement politiques & assassins, à des *procureurs-syndics* & corrompus, à la prostituée d'un tyran cadavéreux, à un infâme *Corday*, à des *journalistes* perdus, à des députés spirituellement traîtres ?

non, non, je voudrois jouir pleinement de toute ma renommée, voir sur ma planche favorite tous les tyrans de la terre; cette giblotte républicaine vaudroit à coup sûr tous les auto-da-fés de la très-sainte inquisition, qui brûloit impitoyablemeut de pauvres diables un peu moins bêtes que les autres.

Que n'ai-je été de tous les tems & de tous les siecles! quelle moisson fertile de têtes n'aurois-je pas accaparée! pourquoi la raison & la philosophie n'ouvrirent-elles pas les yeux à tous les peuples, dans les premiers tems de barbarie & de fanatisme? alors je ne serois pas réduite à me plaindre.

J'aurois guillotiné ce brave monsieur Saint-Louis, qui se fit sacrifier à force de forfaits & de bêtises; dès-lors un saint de moins dans la ménagerie céleste.

J'aurois sabré la plus grande partie de ses successeurs, sans mettre de côté Louis XII, Henri IV, riches de bénedictions dans leur tems, mais que nous avons bien droit de maudire en celui-ci.

Les *Bathilde*, les *Clotilde*, les *Reine blanche* auroient aussi dansé la carmagnole

Ah ! qui s'en feroit bien trouvé? Le peuple.

J'aurois raccourci les prêtres, grands & petits, gros & minces, les moines pareſſeux, gros & vermeils, Quant on ignore l'uſage de ſes bras, qu'on ne les leve que pour tromper indignement la multitude abuſée, on n'a pas beſoin de tête; ils auroient été jouer des gobelets là-bas; au moins leurs tours de gibeciére n'auroient point été dangereux.

J'aurois rogné de bien près les miniſtres, ces déteſtables ſangſues; ces monſtres en firent rogner aſſez d'autres qui ne valoient pas mieux qu'eux alors; comme dit la chanson : *Chacun à son tour.*

J'aurois élagué les traitans concuſſionnaires, les gens d'affaires..... J'aurois, j'aurois, enfin, que n'aurois-je pas fait? au défaut de ces opérations qui me ſont échappées, je vais me plaire à retracer un tableau de ceux qui ſont venus non pas pour me tendre les bras, grâce à la précaution d'uſage, mais qui ſe ſont jettés ſur moi à corps perdu.

Je gliſſerai rapidement sur de certains criminels, qui une fois dans le panier, ne doivent plus laisser de traces, pour réserver des notes intéressantes relatives aux têtes qui m'ont procuré quelque célébrité; & comme l'ouvrage ne me fait pas peur, que je n'en ai jamais autant que j'en désire, ce tableau présenté, j'en offrirai la suite, dans la douce espérance d'y insérer les noms de ceux que je guette d'aussi loin que de près, comme le chat fait la souris. *Amen.*

TABLEAU ALPHABÉTIQUE

Des fabricateurs de faux assignats et assassins, condamnés à mort par le tribunal criminel du département de Paris, et des autres tribunaux d'arrondissement du même département, avec les dates des jugemens.

A

Faux assignats, Aubry (Dominique) condamné à mort le 16 janvier 1793.

Id. Agemeret (Jean) à m. le 17 septembre 1793.

B

Faux assignats, Beverlet (Antoine) à m. le 12 juin 1792.

Id. Berry (contumace) à m. le 23 juin 1792.

Id. Brun (contumace) à m. le 23 juin 1793.

Id. Blondel (Louis-Joseph) (évadé) à m. le 23 juin 1792.

Id. Bassignot (Pierre-Joseph) (évadé) à m. le 19 juillet 1792.

Id. Batonnier (Jean-François) (contumace) à m. le 15 août 1792.

Id. Boursier (François) (mort en prison) à m. le 18 décembre 92.

Id. Bigault (Pierre-Gabriel) dit Baudry, à m. le 19 janvier 1793.
(Il s'est pendu à Bicêtre.)

Id. Bocquillon (Jean-François) à m. le 24 janvier 1793.

Id. Bellerose (Jean-François) à m. le 19 mai 1793.

Id. Brémond (Armand-Jules) à m. le 5 juin 1793.

Assassinat, Bordier (Antoine) à m. le 25 juin 1793.

Faux assignats, Barat (François-Blaise) (contumace) à m. le 17 septembre 1793.

Id. Binet (François) à m. le 18 septembre 1793.

Id. Breuillot (Maurice) (contumace) à m. le 17 septembre 1793. Repris de justice, et de nouveau condamné à m. le 14 pluviose, l'an 2 de la république française.

Id. Bruniot (Joseph) à m. le 16 frimaire, l'an II.

Id. Burgues (Jérôme) à m. le 25 frimaire.

Id. Bernard (Salles) (contumace) à m. le 25 frimaire.

Id. Bonnardot (Philibert) à m. le 17 frimaire.

Id. Batton (Joseph) dit Langevin, à m. le 14 nivose.

Id. Batton (Marin) à m. le 16 nivose.

Id. Bourgeois (Joseph) à m. le premier pluviose.

C

Assassinat, Cachard (Charles-Antoine) à m. le 15 avril 1792 (mis en liberté à Versailles.)

Faux assignats, Collot (Jacques) (contumace) à m. le 19 août 92.

Id. Connetable (Augustin-Magdelaine-Saint-Lucien) à m. le 24 janvier 1793.

Id. Connetable (Christophe) à m. le 24 janvier 1793.

Id. Carrere (Bonne) veuve Collet, à m. le 25 avril 1793.

Id. Cauvet (Jacques) à m. le 16 juin 1793.

F. ass. Clavaux (Jean-Baptiste) à m. le 26 brum. l'an II. de la rép.

Id. Colombat (Antoine) à m. le premier frimaire, l'an II.

Faux assignats, Cherneux (Bernard) à m. le 18 frimaire.

D

Assas. Devitré (Nicolas) à m. le 15 avril 1792. (acq. à Versailles.

Id. Desbrosses (Claude-Michel) à m. le 15 avril 92 (acq. a Versaill.)

Faux assignats, Dartuis (Louis) à m. le 16 mai 1793.

Id. Delaunay (Jean-Baptiste) à m. le 16 juin 1792.

Id. Dercalle-Desperrieres (Pierre-Geoffroy) à m. le 29 août 1792. (Tué en prison.)

Id. Deschenets (Alexandre-Francois) à m. le 16 janvier 1793.

Id. Durand (Jean), à m. le 21 janvier 1793.

Id. Dersily (Jacques-Louis) à m. le 24 janvier 1793.

Id. Duperray (Louis-Henri) à m. le 20 mai 1793.

Assassinat (Degoulle Pierre) à m. le 16 août 1793.

Faux assignats , De Juillet (Amedée-Antoine-Louis) à m. le 5 juin 1793 (mis en liberté par la convention.)

E

Faux assignats, Ethienne , à m. le 16 mai 1793.

F

F. assignats , Fournier (Jean-Baptiste) à m. le 16 août 1792.

Id Fourneau (Pierre) (contumace) à m. le 8 juillet 1792.

G

Faux assignats , Guerin (Jean-Baptiste) à m. le 15 avril 1792.

Id. Guerdoux (Jean-Baptiste) à m. le 23 juin 1792.

Id. Guillot (Jean-François Hubert) à m. le 29 juin 1792.

Id. Grégoire (François) à m. le 16 juillet 1792.

Id. Gaudebert (Jacques-François-Claude) à m. le 29 août 1792.

Id. Geoffroy (Charles-François) à m. le 24 janvier 1793.

Id. Guyot (François) à m. le 17 avril 1793.

Assassinat, Giledy (Pierre) à mort le 16 août 1793.

F. ass. Gerard (Pierre) (contumace) à m. le 17 septembre 93.

Assassinat, Girard (Victoire) à m. le 2 mars 1793.

Faux assignats , Gondomier (Pierre) à m. le 11 octobre 1793.

Assassinat, Gadin (Henri-François) à m. le 12 octobre 1793.

Faux assignats, Grippiere (Louis) le 21 du deuxieme mois de l'an deuxieme de la république française.

Id. Guillaume (Léonard) à m. le 19 frimaire.

Accapareur, Gaudon-Mercier (Pierre) à m. le premier nivose. (Un décret de la convention l'a mis en liberté.)

H

Faux assignats, Housel (Daniel) à m. le 17 avril 1792.

Id. Hanon (Pierre-Severin) à m. le 18 avril 1792.

Id. Harry (Julien) à m. le 16 mai 1792.

Assinat, Heurtaux (Jean-François) à m. le 16 août 1793.

Faux assignats, Hairou (Jacques) à m. le 16 octobre 1793.

J

Faux assignats, Jonan (Jean-Baptiste) à m. le 17 juin 1792.

Assassinat, Jeanton (Charles-Marie) à m. le 18 octobre 1793.

L

Assassinat, Labonne (Philippe) à m. le 23 juin 1792.

Idem, Legros (Pierre) à m. le 24 juillet 1792.

Id. Leroux (Jean) à m. le 15 août 1792.

F. assignats, Lelen (Louis) Philibert, à m. le 15 décembre 92.

Id. Lucien (Jean) à m. le 24 janvier 1793.

Id. Lavigne (Pierre) à m. le 24 janvier 1793.

Assassinat, Laurent (Claude) à m. le 23 mai 1793.

Faux assignats, Labèe Bélicourt (Jean-Antoine) (contumace) à m. le 17 septembre 1793.

Id. Lion (Louis) à m. le premier octobre 1793.

Id. Lebeau (Michel) à m. le premier octobre 1793.

Assassinat, Lefranc (Marguerite) à m. le 10 octobre 1793.

Id. Leplé (Jean-Baptiste-Louis) à m. le 12 octobre 1793.

M

Faux assignats, Mury (Jean) à m. le 17 avril 1792.

Id. Margotin (Claude) (décédé) à m. le 20 juin 1792.

Id. Martin (Marie-Madelaine) femme Petitpas, à m. le 17 janv. 93.

Id. Mevrel-Duvergier (Louis-René) à m. le 27 janvier 1792.

Id. Maux (Saint-Marc-Charles-Laurent) à m. le 5 juin 1793.

Id. Mottier (François) à m. le 18 septembre 1793.

Assassinat, Maillard (Jean-Baptiste), à m. le 16 août 1793.

3°. Moreau (Jean-Baptiste) à m. le 20 mai 1793.

N

Faux assignats, Noblet (Pierre) à m. le 28 juillet 1792.

O

F. ass. Oriot (Antoine) (mis en liberté) à m. le 24 janvier 1793.

P

Faux assignats, Pelletier (Jean-Pierre) à m. le 15 juillet 1792.

Id. Poulet (Pierre) à m. le 20 décembre 1792.

Id. Piout (Joseph) (contumace) à m. le 10 janvier 1792.

Assassinat, Pelletier (Joseph) à m. le 16 août 1793.

Faux assignats, Poisot (Nicolas) à m. le 21 du deuxieme mois.

Q

Faux assignats, Quignon (Joseph) à m. le 16 octobre 1792.

R

Faux assignats, Roger (Louis) à m. le 16novembre 1793.

Id. Renault (François) dit Berthelemy, à m. le 16janvier 1793.

Id. Roquille Lieutaud (Joseph-Dominique) à m. le 5 juin 1792.

Id. Richemont-Villotte (Pierre-Théodore) à m. le 5 juin 1792.

Assassinat, Richard (Louis) à m. le 16 août 1793.

S

Faux assignats, Sauvade (Benoit) (abbé) à m. le 29 juin 1792.

Id. Salomon (Jacques-Louis) à m. le 24 août 1792.

Id. Sellier (François) à m. le 25 août 1792.

Id. Sellier (Antoine-François) à m. le 25 août 1792.

Id. Saint-Albin (contumace) à m. le 27 août 1793.

Assassinat, Sciette (Michel) à m. le 16 août 1793.

T

Faux assignats, Torterat (Marie) à m. le 16 juin 1792.

Id. Thomas (Saint-Martin-Richard) à m. le 27 juillet 1792.

Id. Thoret (Claude) à m. le 16 août 1792.

Id. Thalier (Michel) à m. le 25 décembre 1792.

Id. Tingoi (Marguerite) femme Monval, à m. le 15 janvier 93.

Id. Thibaudier-Gravignon (Alphonse) (contumace) à m. le 5 juin 93.

Assassinat, Tuffaut dit Tourangeau, à m. le 16 août 1793.

V

Faux assignats, Viallat (Antoine) dit Willaume, à m. le décembre 1793.

Id. Vignereuil (Madelaine) femme Lebrun dit Guérinot, à m. le 15 janvier 1793.

Assassinat, Vimard (Pierre) à m. le 16 août 1793.

W

Faux assignats, Wimal (Jean Blaise) à m. le 29 juin 1793.

Assassinat, Wallon (Louis-Joseph) à m. le 23 juin 1793.

N. B. Ne pouvant pas mettre de suite le décret qui a créé le tribunal du 17 août, nous renvoyons le lecteur à la page 66,

BULLETIN

DU TRIBUNAL CRIMINEL,

Etabli par la loi du 17 août 1792, pour juger les conspirateurs, et autres criminels du département de Paris, en vertu d'un décret du 11 septembre 1792.

Séance du samedi 25 août 1792, l'an 1er de la république françaife.

De grands crimes ont été commis. Le glaive de la loi est suspendu sur les têtes coupables. Déja l'un des agens de la liste civile va payer de sa tête, sa criminelle audace, et bientôt il sera suivi d'un grand nombre d'autres ; beaucoup de journaux ont parlé du jugement et de la mort du trop fameux d'Angremont ; nous allons donner à nos lecteurs un extrait de cette célebre procédure.

Louis-David Collenot, dit d'Angremont, étoit ci-devant secrétaire de l'administration de la garde nationale, à la maison commune, et depuis, commandant en chef la bande assassine, divisée par détachemens et brigades; chaque brigade étoit composée de dix hommes. Les brigadiers recevoient dix francs par jour; les sous-brigadiers cinq livres, et chaque soldat deux livres dix sols.

C'étoit ces brigades qui, avec des signes et des mots d'ordre pour se reconnoître, tomboient, dans les derniers temps, sur les patriotes zélés, les traînoient au corps-de-garde, déposoient contr'eux ; et ceci se faisoit, de complicité avec les Buob, les Bosquillon, les Menjaud, les Fayel, les Dossonville, les Mingot, les Laborde, juges & officiers de paix.

On porte à quinze cents, le nombre des enrôlés dans cette clique infernale. Les registres s'étant trouvés parmi les papiers de d'Angremont, on en a arrêté une assez grande quantité : la plupart se sont trouvés avoir eu autrefois les épaules échaudées, d'autres de venir passer un congé dans la citadelle de Villejuif.

Mardi, 21 de ce mois, après une audience qui a duré trente heures, le jury spécial ayant déclaré coupable ledit d'Angremont, le tribunal criminel établi par la loi du 17 août dernier, a prononcé contre lui la peine de mort; et de suite, Osselin, président, lui a adressé un discours énergique, dans lequel on a remarqué les phrases suivantes : Victime de la loi, que ne peux-tu scruter le cœur de tes juges, tu les trouverois tristes et pénétrés. Marche à la mort avec courage ; un sincère repentir est tout ce que la nation réclame.

Pendant le cours du débat, il a montré beaucoup de sang-froid ; il étoit d'ailleurs bien défendu par le citoyen Jullienne, homme de loi, dont les talens sont avantageusement connus ; mais vers la fin, une sueur froide lui glaçoit la langue, au point qu'il ne faisoit que balbutier.

Après sa condamnation, il a fait entre les mains d'Osselin, une déclaration dont on ignore les dispositions.

La foule immense qui garnissoit les salles et la cour du palais, attendoit avec impatience qu'il fût conduit au lieu de l'exécution. Un assez grand nombre de citoyens qui s'étoient apperçus qu'il étoit vêtu d'une redingotte nationale, demanderent qu'il ne fût point conduit au supplice avec cet habit respectable. Plusieurs volontaires se porterent au greffe de la conciergerie, où il étoit, et lui ayant fait part de la demande du peuple ; il quitta sur-le-champ sa redingotte.

Tout étant prêt pour l'exécution, vers neuf heures du soir, c'est-à-dire, cinq heures après son jugement, il fut conduit sur la place du Carrouzel, au milieu des huées. Lorsqu'il monta sur l'échafaud, des claquemens de mains se firent entendre ; après l'exécution, qui eut lieu à la lueur des flambeaux, l'exécuteur montra sa tête sanglante au peuple, qui, en témoignant la satisfaction qu'il avoit d'avoir un ennemi de moins, a dû glacer d'effroi les conspirateurs.

OBSERVATION sur *d'Angremont*,

Ci-devant secrétaire de l'administration de la garde nationale, et commandant en chef la bande assassine et destructive divisée par détachemens et brigades. Quinze cent scélérats furent enrôlés dans cette clique infernale dont la plupart avoient été flétris ; d'autres sortoient de Bicêtre. Il seroit à désirer que les citoyens qui possedent quelques renseignemens sur ces misérables, les communiquassent aux autorités constituées actuelles, qui sont plus que dans ce tems-là à la hauteur sublime de la révolution.

AFFAIRE DE LAPORTE,

Intendant de la liste civile.

L'affaire de Laporte a commencé hier

matin ; les chefs d'accusation sont d'avoir employé les fonds de la liste civile à différentes impressions de pamphlets, libelles et placards incendiaires.

Après la lecture de l'acte d'accusation, on a passé à celle d'un grand nombre de ces écrits.

Il étoit à-peu-près midi; l'accusateur public résuma les charges et griefs imputés à Laporte. Les juges se sont retirés dans leur chambre; après deux heures d'opinions, ils ont déclaré Laporte convaincu d'avoir abusé des sommes immenses qui lui étoient confiées, pour fomenter un germe de guerre civile, et amener par là le retour du despotisme. D'après cette déclaration, le tribunal a prononcé contre l'accusé la peine de mort.

Le président lui a fait ensuite un discours concis sur la circonstance malheureuse où il se trouvoit. Le condamné l'a entendu, ainsi que son jugement, avec le plus grand sang-froid; puis se tournant vers l'auditoire, il a prononcé les paroles suivantes :

« Citoyens, je proteste que je meurs innocent. Puisse l'effusion de mon sang ramener la tranquillité du royaume, et l'assurer à jamais ! ...... mais j'en doute ».

Vers six heures, Laporte a été conduit, au

lieu de l'exécution, assisté du curé de Saint-Eustache. Il a conservé jusqu'à la mort, ce sang-froid qui ne s'étoit démenti, ni dans le cours de son interrogatoire, ni lorsqu'il entendit prononcer son jugement. Cette victime d'un tyran corrupteur, avoit été 17 ans intendant de la marine, et étoit riche à quatre cents mille liv. de rente.

OBSERVATION sur *Laporte.*

On frémit encore d'indignation au seul souvenir de cet infâme intendant de la liste civile, de cet exécrable confident du dernier tyran, & la république gémit que tous les dénommés sur cette infernale liste, n'ayent pas tous été punis de leur horrible attachement pour le monstre *Capet.* Espérons que le tems qui nous a dévoilé tant de forfaits, nous indiquera les traces de ceux-ci. Cet objet est recommandé à la surveillance publique.

AFFAIRE DE DUROSOY.

A cinq heures du soir, le tribunal a entamé l'affaire de Durosoy, homme de lettres, et ci-devant rédacteur de la gazette de Paris, et d'une autre feuille intitulée LE ROYALISME.

Lecture ayant été faite de toutes les pieces, différens témoins ont été entendus dans la nuit.

Le défenseur de Durosoy a parlé ensuite. C'est en vain qu'il a fait valoir tous les moyens que l'éloquence peut suggérer. Les jurés se sont retirés dans leur chambre, et après quatre heures d'opinions, ils ont déclaré coupable Durosoy. Le président a fait lecture de la loi, et le tribunal a prononcé contre l'accusé la peine de mort : il étoit alors cinq heures et demie du soir. Après le jugement, Osselin, président, fit à Durosoy, un discours pathétique où il l'exhorta à donner, en qualité d'homme profond et versé dans toutes les connoissances, les preuves d'une entiere résignation à la volonté de la loi, et de marcher à la mort avec cette fermeté qui caractérise les esprits forts.

Durosoy entendit son jugement, et les sages exhortations du président, sans proférer une seule parole. Persuadé qu'il faut souffrir héroïquement ce qu'on ne peut empêcher, il conserva un sang-froid digne d'éloge; mais en sortant, il remit au président une lettre dont ce dernier fit lecture, après que le condamné fut sorti : elle ne contenoit que ces mots :

« Un royaliste comme moi devoit mourir un jour de Saint-Louis ».

Il monta d'un pas ferme sur l'échafaud, et mourut à près de neuf heures du soir le 25 août 1792, au milieu des cris de *vive la nation*, que répétoit une foule immense, toujours satisfaite d'avoir à compter un conspirateur de moins.

Encore un mot sur Durozoy.

Il a demandé à l'assemblée, en lui conseillant d'abolir la peine de mort, qu'on fit sur lui l'expérience de la transfusion du sang dans les veines d'un vieillard, par le moyen de la ponction, pour se convaincre si l'on pouvoit ainsi rajeunir les vieilles gens. L'assemblée n'a eu aucun égard à cette pétition ; ainsi le sang de Durosoy ne sera point propagé.

OBSERVATION sur *Durosoy.*

Qu'un scélérat plongé dans l'ignorance, ne connoisse que la bassesse du crime, rien de moins étonnant ; mais que la trahison, la perfidie se propage & circule dans le cœur d'un homme de lettres ; cette réflexion afflige naturellement : talens cruels & tout-à-la-fois estimables, que vous avez entraîné de monstres dans l'abime !

AFFAIRE DE *Jean* JULIEN.

Le nommé Jean Julien, ci-devant charetier à Vaugirard, avoit été condamné à 12 ans de gêne. Il faisoit la premiere épreuve de sa condamnation, sur la place de la maison commune, lorsqu'il s'avisa de crier : — *Vive le roi ! vive la reine ! au f.... la nation.* Il ajouta que si monseigneur Lafayette étoit à Paris, la position de lui, Jean Julien, ne seroit pas la même.

La déclaration du jury, est que c'est méchamment et à dessein que ledit Jean Julien a excité l'émeute populaire, la sédition qui a eu lieu dans ladite place de la maison commune le premier septembre présent mois. Le tribunal condamne Jean Julien, charetier à Vaugirard, à la peine de mort, conformément à l'article 2 et au dernier paragraphe de l'article 3 de la deuxieme section du titre premier du code pénal.

OBSERVATION sur *Jean-Julien.*

Ce charetier condamné à douze années de gêne présidoit au poteau sur la place de la maison commune, quand l'envie de pérorer le prit, & sa péroraison le conduisit à la guillotine, malgré sa dévotion en *Monseigneur la Fayette*, dont le nom révéré lui fit faire la bascule.

AFFAIRE DE BACKMANN,

Major-général des ci-devant Gardes-Suisses.

La seconde section s'est occupée samedi

premier septembre 1792, de l'affaire de Backmann, lequel interrogé de ses nom, surnom, âge, qualités, lieu de naissance et demeure,

A répondu se nommer Jacques-Joseph-Antoine-Léger Backmann, natif du canton de Glaris, être âgé de 59 ans, militaire depuis son jeune âge, demeurant ordinairement à Paris, rue Verte, fauxbourg Saint-Honoré.

Les témoins entendus, le président posa les questions en ces termes :

A-t-il été préparé une conspiration, laquelle a éclaté le 10 août dernier, tendante à allumer la guerre civile, en armant les citoyens contre les citoyens & contre les autorités légitimes ?

Backmann est-il convaincu d'avoir préparé & secondé ladite conjuration ?

Est-il convaincu de l'avoir fait méchamment & à dessein d'exciter la guerre civile ?

Le juré spécial de jugement déclara l'affirmative.

Le commissaire national, après avoir exposé l'état où s'est trouvé le peuple français depuis la révolution, après avoir exposé la conduite des auxiliaires suisses, & fait lecture de la loi, qui prononce la peine de mort contre les traîtres & les conspirateurs, a réquis que ladite peine fût appliquée à Backmann.

Le tribunal conclut & jugea de même.

Le président fit ensuite un superbe discours au condamné, qui l'écouta, ainsi que son arrêt, sans mot dire.

A sept heures du matin, tout étant prêt pour l'exécution, il monta avec résignation dans la charette de l'exécuteur. Arrivé sur l'échafaud, il se prêta de la meilleure grâce, à cette cruelle opération.

OBSERVATION sur *Backmann*.

Un Suisse du 10 août, & major général (c'est à-peu-près tout dire), ce lâche & affreux assassin n'eut pas le courage de se faire sacrifier par les patriotes français, et son trépas fut plus cérémonieusement exécuté. Pourquoi n'étoit-il pas le dernier de cette horde féroce et barbare ?

AFFAIRE DE NICOLAS ROUSSEL.

La seconde section du tribunal criminel, établi par la loi du 17 août, s'est occupée mardi, 18 septembre, de l'affaire du nommé Nicolas Roussel, lequel interrogé de ses nom, surnom, âge, qualités, lieu de naissance & demeure.

A répondu se nommer Nicolas Roussel,

natif de Villet-Rosoy, département de la Mozelle, âgé de quarante-neuf ans, ci-devant employé dans la régie générale.

D'après toutes ces interrogations, auxquelles l'accusé ne donnoit toujours que les mêmes réponses, l'accusateur public & le président ont analysé les faits & charges résultant de l'instruction du procès, & ont ensuite posé les questions en ces termes:

Est-il constant que dans les premiers jours d'août, il a existé dans Paris, des enrôlemens de différens particuliers, connus sous le nom de brigades, entr'autres celle de d'Angremont & Garrot, dont le but étoit de favoriser un projet de contre-révolution, et d'armer les citoyens les uns contre les autres

Est-il constant, que le nommé Roussel, accusé, ait été enrôlé dans ces brigades de contre-révolutionnaires?

Est-il constant qu'il l'a fait sciemment et à dessein?

Les jurés après s'être retirés dans leur chambre, et en avoir délibéré, ont déclaré, 1°. que ces faits étoient constans; 2°. que l'accusé étoit convaincu d'y avoir été enrôlé; 3° qu'il l'avoit fait sciemment et à dessein.

Après cette déclaration, le président a fait amener l'accusé, et lui a fait part de la déclaration du juré du jugement, qui conformément à l'article II de la section II du titre Ier. de la seconde partie du code pénal, condamne Nicolas Roussel à la peine de mort.

OBSERVATION sur *Nicolas Roussel.*

Nicolas Roussel est un des fameux soldats de d'Angremont, qui vit finir son généralat sur la place du Carrousel. Un tel satellite méritoit bien un pareil honneur funèbre; aussi il embrassa la même planche que son commandant en chef, et regarda le fond du panier. Avec quel plaisir on y eût vu toute cette armée!

AFFAIRE DE CAZOTTE.

La premiere section du tribunal criminel établie par la loi du 17 août, et par celle du 11 septembre dernier, pour connoître et juger les délits contre la tranquillité publique, s'est occupée, dans son audience du 24 septembre, de l'affaire de Cazotte, lequel interrogé de ses nom, âge et qualités, a répondu s'appeler Jacques Cazotte pere, ci-devant commissaire-général de la marine, propriétaire et maire au village de Pierry, près Epernay, et être âgé de soixante-quatorze ans; et de suite, en présence de son conseil, il a remis sur le bureau une protestation contre la compétence du tribunal, lequel, après en avoir délibéré, a rendu le jugement suivant.

Cazotte fondoit sa protestation sur ce qu'ayant été jugé par le peuple souverain (*) et par des officiers municipaux qui l'avoient mis en liberté, l'on ne pouvoit, sans porter atteinte à la souveraineté de ce même peuple, procéder à un jugement contre lui sur des faits pour lesquels il avoit été arrêté et ensuite élargi.

« Le tribunal, après en avoir délibéré, sans » s'arrêter ni avoir égard à la protestation » présentée par Cazotte, ordonne qu'il sera pro- » cédé et passé outre à l'instruction du procès, » et cependant, qu'à la diligence du commis- » saire national, copie de ladite protestation, » ainsi qu'expédition du présent jugement, se- » ront adressés au ministre de la justice, pour » être par lui communiqué à la convention » nationale, s'il y a lieu. »

(*) Le soir du deux septembre dernier, lors du massacre des prisonniers, Cazotte détenu à l'abbaye, fut transporté hors la prison, au milieu des applaudissemens et des acclamations de toute la multitude.

Lecture a été faite de l'acte d'accusation, et de différentes lettres.

Le jugement suivant a été rendu sur la déclaration du juré de jugement, portant qu'il est constant, 1°. qu'il y a eu un ou différens complots, dont le dernier a éclaté notamment dans la journée du 10 août dernier, lesquels complots tendoient à troubler l'état par une guerre civile, à armer les citoyens les uns contre les autres, à dissoudre par violence le corps législatif et à renverser les autorités constituées;

2°. Qu'il est constant que Jacques Cazotte est convaincu d'y avoir participé;

3°. Qu'il l'a fait sciemment et à dessein de nuire. Le tribunal criminel a condamné ledit Jacques Cazotte à la peine de mort; et conformément à la loi du 30 août, relative à la confiscation du bien des ennemis de la patrie, ses biens ont été déclarés confisqués au profit de la nation.

L'exécution dudit jugement a eu lieu sur la place du Carrouzel, vers les sept heures du soir. Le condamné a montré jusqu'à la mort, une présence d'esprit et un sang-froid admirable.

Après le jugement prononcé, le président

fit un discours qui finit ainsi : « Va, reprends » ton courage, rassemble tes forces, envi» sage sans crainte le trépas ; songe qu'il n'a » pas droit de t'étonner ; ce n'est pas un ins» tant qui doit effrayer un homme tel que toi. Il leva la main et secoua la tête en levant les yeux au ciel avec un visage serein et décidé.

Conduit dans le cabinet criminel, il dit à ceux qui l'entouroient : « Qu'il ne regrettoit » que sa fille, qu'il savoit qu'il méritoit la » mort, que la loi étoit sévere ; mais qu'il » la trouvoit juste. L'exécuteur s'étant présenté pour lui couper les cheveux, il lui recommanda de les lui couper le plus près de la tête qu'il seroit possible, et chargea son directeur de les remettre à sa fille, qui en ce moment étoit consignée, jusqu'après l'exécution, dans une des chambres de la conciergerie. Il étoit si persuadé d'avance de ce qui lui devoit arriver, qu'il dit, à cette occasion, au citoyen Jullienne, à l'ouverture de l'audience : « je m'attends à la mort, et me suis confessé, » il y a trois jours. »

Observation sur *Cazotte*.

Un événement mérite ici sa place. *Cazotte*, aussi fou que dangereux, écrivit ses lettres contre-révolutionnaires dans le style des *romans orientaux*, et en

vrai

vrai rêve-creux. Hypocrite et fanatique, il esquiva le coup de massue à l'abbaye; le peuple pensa sauver ce perfide vieillard : grâce à la vengeance légitime des lois, il eut son tour.

La premiere section du tribunal s'est occupée dans son audience du 5 octobre, de l'affaire du nommé Englert, lequel interrogé de ses noms, surnoms, âge, qualités, lieu de naissance et demeure;

A répondu s'appeller Michel Englert, âgé de 34 ans, natif de Berlinge, tailleur de profession, et gendarme.

Interrogé dans quel régiment il a servi,

A répondu avoir servi huit ans dans le régiment royal-suédois, six mois dans les gardes-suisses, en être sorti au mois de juillet 1792, pour entrer dans la garde nationale soldée, et aujourd'hui dans la gendarmerie.

Le président a posé les questions, et les jurés, après en avoir délibéré, ont fait sur chacune les déclarations suivantes :

1°. Dans le commencement de la journée du 3 octobre dernier, y a-t-il eu un assassinat commis avec une arme tranchante, dans la personne d'un citoyen sans armes? La déclaration du juré est que le fait est constant.

2°. Michel Englert est-il convaincu d'avoir commis ledit assassinat? La déclaration est qu'il est convaincu.

3°. L'a-t-il commis avec préméditation, méchamment et à dessein? La déclaration est : oui, il l'a fait méchamment.

D'après cette déclaration, le tribunal a prononcé la peine de mort contre Michel Englert.

La seconde section du tribunal criminel s'est occupée, dans son audience du 10 octobre présent mois, de l'affaire de Bardol, lequel interrogé de ses noms, surnoms, âge, qualités et demeure.

A répondu s'appeller Pierre Bardol, âgé de 43 ans, natif de S. Flour, en la ci-devant province d'Auvergne, citoyen vivant de son patrimoine, et demeurant à Paris boulevard du Temple, près le café Godet, maison de Betot, juge de paix de la section du Temple.

Il résulte de l'acte d'accusation, que Bardol est accusé d'avoir, dès le 7 septembre dernier, attiré chez lui Antoine Baduel, ci-devant supérieur de la maison et communauté de Sainte-Barbe, sous le prétexte de le soustraire à la fureur populaire, et de faire pour lui toutes les démarches nécessaires pour lui faciliter sa sortie de la capitale.

Après une audience de cinquante - une heures, le tribunal a prononcé le jugement suivant :

Vu la déclaration du juré, portant qu'il est constant qu'il a été commis un homicide prémédité, suivi de vol, en la personne de feu Antoine Baduel, ci-devant supérieur de la maison de Sainte-Barbe, dans la nuit du 13 au 14 septembre dernier.

1°. Que Pierre Bardol est convaincu d'être l'auteur ou le complice de cet homicide et vol.

2°. Qu'il est convaincu de l'avoir fait méchamment et hors le cas d'une légitime défense.

D'après cette déclaration, le tribunal, après avoir entendu le commissaire national, a prononcé contre ledit Bardol, la peine de mort, conformément à la loi ; le condamné a écouté prononcer l'application de la loi sans mot dire, ainsi que le discours que lui a adressé Lavaux, président. L'exécution de ce jugement se fera dans la place la plus proche des Champs-Elysées.

OBSERVATION sur *Bardol*, assassin de Baduel.

Bardol conspirateur, *à triple karat*, (1) terme qui

(1) Qui ne connoit pas Carra, le protecteur du duc d'York ?

prête à l'équivoque, quoiqu'assassin, décéda sur l'esplanade de la guillotine des aristocrates; et foi de sans-culottes, il le méritoit bien, comme traitre à la patrie; comme voleur & assassin, il accueille un fanatique insermenté & rebelle à la loi, & prétend le protéger, le vole & l'assassine avec inhumanité; tandis que la loi seule pouvoit prononcer sur son sort. Cette justice est mémorable en raison des événemens.

COMMISSION MILITAIRE,

Etablie en vertu du décret de la convention nationale, dont la teneur suit:

Du 20 octobre 1792, l'an premier de la république française

Nomination des cinq commissaires qui devront prononcer à l'égard des émigrés amenés à Paris.

DÉCRET DE LA CONVENTION NATIONALE.

La convention nationale décrete ce qui suit:

L'état-major de la division, commandée par le général Berruyer, nommera dans le jour, les 5 commissaires qui, au terme de la loi, devront prononcer, à l'égard des émigrés amenés à Paris; et dans les vingt-quatre heures après la réunion, il sera certifié à la convention nationale du procès-verbal de l'exécution de la présente loi.

Au nom de la nation, le conseil exécutif provisoire mande et ordonne à tous les corps administratifs et tribunaux, que les présentes ils fassent consigner dans leurs registres, lire, publier et afficher dans leurs départemens et ressorts respectifs, et exécuter comme loi. En foi de quoi nous avons signé ces présentes, auxquelles nous avons fait apposer le sceau de la république. A Paris, le vingtieme jour du mois d'octobre 1792, l'an premier de la république française. *Signé* Monge, *contre-signé* Garat, et scellées du sceau de la république.

Noms des membres composant la commission militaire nommée par procès-verbal de l'état-major de l'armée sous les ordres du général Berruyer, en date du 20 octobre, présent mois.

Les citoyens Berruyer, général; Louis Lestrade, adjudant-général, colonel; Louis Cavrois, lieutenant-adjoint à l'adjudan général; Claude Sablot, premier canonnier du premier régiment d'artillerie; Antoine Marly, gendarme de la premiere compagnie, dite de *Veron*.

Affaire de Michel-Ignace DAMMARTIN-FONTENOY.

L'an mil sept cent quatre-vingt-douze, le premier de la république, et le lundi 22 octobre, en l'audience publique tenue par les cinq membres nommés par l'état-major de la dix-septieme division, en vertu du décret de la convention nationale, du 20 de ce mois, le général Berruyer, président, la commission a ordonné que l'un des prisonniers prévenus d'émigration, seroit amené devant le tribunal, pour y subir son jugement. Cet ordre ayant été exécuté par les gendarmes de service, il a été procédé, comme il suit, à l'interrogatoire du prévenu.

Interrogé de ses noms, surnoms, âge, qualités, demeure et pays natal.

A répondu se nommer Michel-Ignace Dammartin-Fontenoy, âgé de 25 ans, natif de Metz, & officier d'infanterie avant son émigration dans le pays de Luxembourg.

Interrogé depuis quel tems il a quitté le service.

A répondu que depuis six ans il n'étoit plus au service.

Interrogé pourquoi il a quitté la France après la loi du mois d'octobre 1791.

A répondu qu'il ne connoissoit pas les loix concernant l'émigration, &c. &c.

Vu par la commission, les réponses aux interrogatoires subis à l'audience par Michel-Ignace Dammartin-Fontenoy, ci-devant officier d'infanterie.

La commission, après avoir déclaré que ledit Michel-Ignace Dammartin-Fontenoy est né français, a émigré dans le pays de l'empereur; qu'il a porté les armes contre la France sa patrie, en servant dans l'armée du duc de Brunswick, et qu'il a été pris les armes à la main, sur le territoire de la république :

Ordonne qu'il sera livré à l'exécuteur de la justice, & mis à mort, et ce, conformément à l'article III de la premiere section du titre premier de la seconde partie du code pénal, dont il a été fait lecture :

Ordonne en outre qu'à la diligence du citoyen Louis Lestrange, l'un des commissaires de la commission, le présent jugement sera exécuté, imprimé, publié et affiché, et que, dans les vingt-quatre heures, il en justifiera à la convention nationale.

Fait à Paris, le vingt-deux octobre mil sept cent quatre-vingt-douze, l'an premier de la république, &c.

Affaire de GAUTIER DE LA TOUCHE.

Interrogé de ses noms, surnoms, âge, pays, profession & demeure.

A répondu se nommer Etienne-Hyacinthe Gautier de la Touche, âgé de 45 ans, natif de Bordeaux, ci-devant conseiller au parlement de Guienne.

A lui demandé quand il à quitté la France.

A répondu dans le mois de février dernier; qu'il a été à Ostende, Bruxelles & à Leric; dès le moment où un français arrivoit dans cette ville, on le forçoit à entrer dans un corps quelconque, avec promesse que jamais il ne porteroit les armes contre la patrie, mais seulement resteroit attaché à la garde des princes; que cette promesse lui a été faite, mais qu'il n'a jamais rien reçu; & n'a jamais eu l'intention de combattre contre sa patrie, et n'en a jamais eu la volonté.

Lecture faite du présent interrogatoire et de ses réponses, ledit Latouche a dit icelles contenir vérité, y a persisté, et a signé avec le général-président et le greffier.

Vu par la commission, etc.

La commission a prononcé la peine de mort contre le susdit Etienne-Hyacinthe Gautier de la Touche.

Du dimanche 27 octobre, l'an premier de la république.

Affaire de Hyacinthe-Amand-Constant-Honoré GODEFROY, *dit* LESSART.

Interrogé de ses noms, surnoms, âge, profession et demeure.

A répondu se nommer Hyacinthe-Amand-Constant-Honoré Godefroy, dit *Lessart*, âgé de 35 ans, natif de Saint-Jean-de-Léard en Normandie, ci-devant gentilhomme et garde-du-corps du roi, avoir été licencié après l'affaire du 6 octobre 1789.

Lecture faite de ses réponses audit interrogatoire, a dit qu'elles contiennent vérité, qu'il y persiste, et a signé avec le président et le greffier.

Vu par la commission, etc.

La commission a prononcé la peine de mort contre Hyacinthe-Amand-Constant-Honoré Godefroy.

Affaire d'Eméric - Louis- Charles GODEFROI-MINGRÉ.

Enquis de ses noms, surnoms, âge, qualités, pays et demeure.

A répondu se nommer Eméric - Louis-Charles Godefroi-Mingré, âgé de 29 ans, natif de Saint-Jean-Dax, en basse Normandie, lieutenant de vaisseau dans la marine française.

Interrogé où il est allé en sortant de France.

A répondu : à Tournai, de là, à Coblentz, dans le commencement de septembre de l'année derniere ; qu'il y est allé dans l'intention d'y rejoindre son frere ; qu'il espéroit rentrer en France avec les gardes-du-corps du roi, qui y étoit formé ; qu'il a reçu deux fois 80 liv. en deux mois différens, etc. etc.

Lecture à lui faite des réponses audit interrogatoire, a dit qu'elles contiennent vérité, qu'il y persiste, et a signé avec le président et le greffier.

Vu par la commission, etc.

La commission a prononcé la peine de mort contre Eméric - Louis - Charles Godefroi-Mingré.

Affaire de Charles-Hyacinte-Laurent BERNAGE-SCINTILLIER.

Interrogé de ses noms, surnoms, âge, qualités, demeure et pays de naissance.

A répondu se nommer Charles-Hyacinthe-Laurent Bernage-Scintillier, natif de Versailles, âgé de 29 ans, ci-devant garde-du-corps du roi.

Interrogé quels étoient ses moyens de subsistance.

A répondu qu'il n'a jamais rien reçu que 80 liv. que le maréchal-des-logis lui a payées pendant trois mois environ; qu'on lui a annoncé que ce payement se faisoit au nom du roi, que ces moyens pécuniaires lui ont seuls fourni de quoi vivre; que cependant on lui donnoit du fourrage pour ses chevaux.

Interrogé s'il a connu le ci-devant duc de Castries.

A répondu que non.

Interrogé combien de tems il a séjourné à Sommesuire.

A répondu: de sept à douze jours.

Interrogé où il a été arrêté.

A répondu: que l'armée s'étant retirée,

il cherchoit l'occasion de rentrer en France, lorsqu'il s'est rendu à un chasseur du 1er régiment qui étoit accompagné de quelques hussards; qu'il n'a pas rendu les armes, puisqu'il n'en avoit pas, ayant eu la précaution de remettre son cheval, afin de ne plus être obligé de porter les armes.

Interrogé pourquoi, pendant son séjour à Som nesuire, il n'a pas profité de la ponicule des armées de Dumourier & Kelermann, pour s'y rendre.

Aprés différentes interpellations, & lecture faite du présent interrogatoire et de ses réponses, a dit qu'elles contiennent vérité, y a persisté, et a signé avec le président et le greffier.

Vu par la commission, etc.

La commission a prononcé la peine de mort contre le susdit Charles-Hyacinthe-Laurent Bernage-Scintillier.

Affaire de Jean BÉON.

Interrogé de ses noms, surnoms, âge, qualités, pays et demeure.

A répondu se nommer Jean Béon, âgé de 21 ans, natif de Mortemart, ci-devant étudiant.

Interrogé s'il a été en pays étranger.

A répondu qu'il y a environ 14 mois, vers la fin de 1791, il a été à Aix-la-Chappelle avec Béon, sous le prétexte d'aller prendre les eaux; que de-là il est allé à Coblentz, où étant sans fortune et sans argent, il a été obligé d'entrer dans les gardes-du-corps, où on lui avoit promis 80 liv. par mois; qu'il y est entré vers la fin du mois d'octobre de l'année derniere, et qu'il a vécu de l'argent qui lui a été prêté, n'en ayant pas.

Lecture faite de ses réponses audit interrogatoire, a dit icelles contenir vérité, qu'il y persiste, et a signé.

Vu par la commission, etc.

La commission a prononcé la peine de mort contre Jean Béon.

Interrogatoire de Pierre GALLOIS *dit* MATELOT; *de François* MAUGER, *et de Pierre* ALEXANDRE *dit* LE PETIT CARDINAL, *prévenus du vol fait au garde-meuble de la république.*

La premiere section du tribunal, dans son

audience du 30 octobre, s'est occupée de l'affaire des nommés Gallois, Mauger, et Pierre Alexandre, dit le petit Cardinal, lesquels interrogés de leurs noms, surnoms, âges, qualités, lieu de naissance et demeure.

Le premier a dit s'appeller Pierre Gallois dit Matelot, âgé de 25 ans, natif de Tessé, en basse Normandie, marchand clincaillier, ayant logé en dernier lieu rue Saint-Dominique, fauxbourg Saint-Germain.

Le second François Mauger, âgé de dix-sept ans, natif de Paris, brocanteur, demeurant chez ses pere et mere, rue Saint-Dominique, section de la Fontaine de Grenelle.

Le troisieme a dit se nommer P^re^ Alexandre dit le petit Cardinal, natif de Paris, être âgé de quatorze ans et demi, jokei, demeurant chez sa tante, rue S. Germain-l'Auxerrois.

Après les débats, l'accusateur public résume les charges; ensuite les défenseurs des accusés sont entendus dans leurs plaidoiries; après quoi le citoyen président pose les questions sur lesquelles le jury, après s'être retiré dans la chambre du conseil, et en avoir délibéré, a fait sur chacunes d'elles, les déclarations suivantes:

1°. Qu'il est constant qu'il a existé une

conspiration contre l'état, un complot tendant à spolier le garde-meuble national des richesses immenses qu'il renfermoit; complot qui a été exécuté les 11, 13, 15, 16 et 17 septembre dernier, par violence, à main armée, et à l'aide de fausses patrouilles, munies de sabre, pistolets et autres armes destinées à repousser la force publique, et à protéger le crime contre la nation, que l'on commettoit;

2°. Que Pierre Gallois dit *Matelot*, est convaincu d'avoir été un des auteurs, fauteurs et complices, de ce crime national, en s'armant d'un pistolet, la nuit du 15 au 16 septembre dernier, se rendant à la place de la révolution avec plusieurs hommes armés, en montant au garde-meuble, y dérobant une grande quantité de diamans et autres objets précieux, qu'il a vendus 18,000 liv. au nommé Jean Moulin, et fait vendre pour une autre somme de 6292 liv.;

3°. Que Pierre Gallois, dit *Matelot*, l'a fait méchamment, sciemment, et à dessein de nuire à la république;

4°. Que François Mauger est couvaincu d'avoir reçu de Gallois, dit *Matelot*, un collier composé de trente-six diamans, et beaucoup d'autres pierres détachées, pour les vendre; qu'il les a vendues à Cottet, dit *le petit Chasseur*, moyennant 6292 livres, dont il n'a remis à Gallois que 3000 livres, et a gardé les 3292 livres en petits assignats de 5 liv. pour les convertir en gros assignats;

5°. Qu'en acceptant de Gallois tous ces objets pour les vendre, en les vendant, en touchant le prix pour Gallois, il savoit que ces objets faisoient partie de ceux volés au garde-meuble; qu'il la fait sciemment et méchamment;

6°. Que Pierre Alexandre, dit *le petit Cardinal*, a assisté dans la nuit du 15 au 16 septembre dernier, Gallois, dit *Matelot*, et autres complices du vol du garde-meuble;

7°. Que Pierre Alexandre, dit *le petit Cardinal*, en se prêtant à assister simplement Gallois à la place de la révolution, a été trompé et entraîné par des suggestions et la foiblesse de son âge, sans discernement ou sans connoître la conséquence de l'action qu'on lui faisoit commettre.

Le tribunal, après s'être retiré dans la chambre du conseil pour y délibérer, est rentré dans la salle d'audience, attendu la déclaration du jury, réitérée d'après la jonction des

trois

trois jurés expectans, conformément à la loi, qui porte, article II de la deuxieme section du titre premier du code pénal: « Toutes » conspirations et complots, tendans à trou» bler l'état par une guerre civile, en armant » les citoyens les uns contre les autres, ou » contre l'exercice de l'autorité légitime, se» ront punis de mort ». Le second et le quatrième paragraphes de l'article III, qui portent: » Toute attaque ou résistance envers » la force publique, agissante contre l'exécu» tion desdits complots ...... les auteurs, » chefs et instigateurs desdites révoltes, et » tous ceux qui seront pris les armes à la » main, seront punis de la même peine. » Et enfin, conformément à l'article III des complices des crimes, qui porte: « Lorsqu'un vol » aura été commis avec l'une des circonstan» ces spécifiées aux précédens articles; qui» conque sera convaincu d'avoir reçu gratui» tement, acheté ou recelé tout ou partie » des effets volés, sachant que lesdits effets » provenoient d'un vol, sera réputé complice, » et puni de la même peine prononcée par la « loi contre les auteurs dudit crime. »

Condamne lesdits Pierre Gallois, dit *Matelot*, et François Mauger, à la peine de mort;

déclare que leurs biens seront confisqués au profit de la république : ordonne que sur la somme de 4400 livres, trouvées chez Mauger pere, lors de l'apposition des scellés, distraction sera faite, au profit de la république, de celle de 3292 livres, provenant de la vente faite par François Mauger, d'une partie des diamans que lui avoit remis Gallois, à l'effet de quoi copie du présent jugement sera signifiée à tous fonctionnaires publics ayant droit de faire la levée desdits scellés ; ordonne que les diamans et pierres fines seront remises au ministre de l'intérieur, pour, sous sa responsabilité, les réintégrer dans le garde-meuble national.

Ordonne néanmoins, conformément au pouvoir que lui en donne la loi du 22 octobre présent mois, qu'il sera sursis à l'exécution desdits Gallois et Mauger, jusqu'à ce qu'il en ait été autrement ordonné.

En ce qui touche Pierre Alexandre, dit le *petit Cardinal*, l'acquitte de l'accusation : ordonne qu'il sera conduit dans une maison de santé, pour y être traité jusqu'à parfaite guérison, à l'époque de laquelle il sera conduit dans la maison d'éducation qu'indiquera le département, pour y être détenu jusqu'à l'âge de vingt ans accomplis.

La déclararion du juré porte :

1°. Qu'il est constant qu'il a existé un complot tendant à former une force armée, à l'effet de voler le garde-meuble de la république, et de repousser la force publique, dans le cas où elle se présenteroit pour s'opposer à ce vol immense, que ce complot a été exécuté à force ouverte, à main armée, et à l'aide de fausses patrouilles, dans les nuits des 11, 13, 15, 16 et 17 du mois de septembre dernier ;

2°. Que Laurent Meyrand, dit *Grand-Con*, est convaincu d'avoir, dans la journée du samedi 15 septembre, concerté avec plusieurs autres, d'aller dans la nuit suivante voler le garde-meuble ; d'être allé dans l'après midi reconnoître l'endroit par où on pouvoit s'y introduire ; de s'être réuni le soir avec plusieurs complices, chez le nommé Retour, traiteur ; de s'y être armé d'un pistolet de ceinture ; de s'être rendu avec ses complices, vers les onze heures du soir, à la place de la révolution ; d'avoir essayé de monter au garde-meuble, d'être tombé, de s'être ensuite réuni aux fausses patrouilles pour faire le guet, tandis que ses complices faisoient le vol ; d'avoir partagé les diamans et bijoux volés ; d'avoir assisté à la vente qui en a été faite à Joseph dit le *grand*

Savoyard et à Moulin ; et d'avoir reçu de Gallois dit *Matelot*, l'un de ses complices, beaucoup de doubles louis en or, et plusieurs assignats, pour le prix de sa part dans les objets volés ;

3°. Que Laurent Meyrand l'a fait sciemment, méchamment et à dessein de nuire à la république.

Le tribunal, attendu la déclaration du jury; faisant droit sur le requisitoire du commissaire national, et conformément à la loi, qui porte, article II de la deuxieme section du code pénal : « Toutes conspirations et complots, tendans » à troubler l'état par une guerre civile, en » armant les citoyens les uns contre les autres, » ou contre l'exercice de l'autorité légitime, » seront punis de mort. Le second et le quatrieme paragraphes de l'article III, qui portent : » Toute attaque ou résistance envers la force » publique, agissante contre l'exécution, des- » dits complots .... Les auteurs, chefs et ins- » tigateurs desdites révoltes, et tous ceux qui » seront pris les armes à la main, seront punis » de la même peine ». Et enfin, conformément à l'article III des complices des crimes, qui porte : « Lorsqu'un vol aura été commis avec » l'une des circonstances spécifiées aux précé- » dens articles ; quiconque sera convaincu

» d'avoir reçu gratuitement, acheté ou recélé » tout ou partie des effets volés, sachant que » lesdits effets provenoient d'un vol, sera réputé » complice, et puni de la même peine prononcée » cée par la loi contre les auteurs dudit » crime ».

Condamne Laurent Meyrand, dit *Grand Con*, à la peine de mort; ordonne que ses biens seront confisqués au profit de la république française, et que les bijoux et autres effets ayant appartenu au garde-meuble, seront remis entre les mains du ministre de l'intérieur, pour être par lui réintégrés audit garde-meuble.

Ordonne qu'à la diligence du commissaire national, le présent jugement sera exécuté dans les vingt-quatre heures, dans la place de la révolution, en face du garde-meuble, et qu'il sera imprimé, publié et affiché dans toute l'étendue du département de Paris.

Après le prononcé de ce jugement, Meyrand a dit: je n'ai pas fait de vol; je suis condamné, je demande la mort. Redescendu à la Conciergerie, il a demandé à parler au citoyen président, qui s'y est sur-le-champ rendu. Dans une déclaration qu'il a faite, il a avoué que tous les faits par lui niés à l'audience, étoient vrais; que l'espoir d'échapper à un jugement sévère étoit le seul motif qui l'avoit engagé à n'en pas convenir.

Arrivé au lieu de l'exécution, il a monté sur l'échafaud, avec courage et résignation, et après avoir salué le peuple de trois côtés, il s'est livré à l'exécuteur.

Affaire de Claude-Melchior COTTET, dit le *petit Chasseur.*

La premiere section du tribunal criminel, dans son audience du 7 novembre, s'est occupée de l'affaire de Cottet, dit le *petit Chasseur*, lequel interrogé de ses noms, surnoms, âge, qualités, lieu de naissance et demeure;

A répondu s'appeller Claude-Melchior Cottet, âgé de vingt-sept ans, natif de Lyon, marchand mercier, demeurant à Paris, rue du Temple.

Après que l'accusateur public eut analysé et résumé les charges, le citoyen Julliemme défenseur de l'accusé, a été entendu dans sa plaidoyerie; ensuite les questions ayant été posées par le citoyen président, voici la déclaration du juré sur chacune d'elles.

1°. Qu'il est constant qu'il a existé un complot, une conspiration, ayant pour objet d'enlever à la république des richesses précieuses, en spoliant le garde-meuble national; que ce complot a été exécuté à force ouverte, à main armée, et à l'aide de fausses patrouilles et de mots d'ordre, dans les nuits des 11, 13, 15, 16 et 17 septembre dernier.

2°. Que Claude-Melchior Cottet, dit le *petit Chasseur*, est convaincu d'avoir, dans la journée du samedi 15 septembre dernier, proposé à plusieurs particuliers d'aller, la nuit suivante, continuer le vol commencé au garde-meuble; d'avoir conduit dans l'après-midi dudit jour, lesdits particuliers sur la place de la révolution, pour observer par quel endroit l seroit possible de s'introduire dans le garde meuble; de s'être, le soir, rendu chez le nommé Retour, habillé en garde national, armé d'un sabre; d'avoir remis aux nommés Gallois, dit *Matelot*, et Meyrand, dit *Grand-Con*, deux pistolets destinés à protéger le vol projetté; de s'être ensuite rendu avec tous ses complices au garde-meuble, et d'avoir fait le guet, tandis que les autres spolioient le garde-meuble; d'avoir partagé une portion des perles fines et diamans; d'avoir ensuite vendu une grande quantité de pierres détachées et un collier de diamans, moyennant le prix convenu de 30, 000 liv., dont il n'a touché, tant en or, qu'en assignats, que 6300 liv.; d'avoir cherché, lorsqu'il s'est vu arrêté, à tromper la nation, en affectant de se porter dénonciateur de ses complices, en promettant de les faire arrêter, et de faire récupérer à la nation la plus considérable partie des objets volés au garde-meuble, ce qu'il n'a point effectué;

3°. Que Claude-Melchior Cottet, en se rendant instigateur, auteur et complice du vol fait au garde-meuble, l'a fait sciemment, méchamment et à dessein de nuire.

Le tribunal, attendu la déclaration du jury, faisant droit sur le réquisitoire du commissaire national, et conformément à la loi, qui porte, article II de la deuxieme section du code pénal: « Toutes conspirations et complots, tendans à » troubler l'état par une guerre civile, en ar- » mant les citoyens les uns contre les autres, » ou contre l'exercice de l'autorité légitime, » seront punis de mort. » Le second et le quatrieme paragraphes de l'article III, qui por- » tent: « Toute attaque ou résistance envers la » force publique, agissante contre l'exécution » desdits complots... les auteurs, chefs et ins- » tigateurs desdites révoltes, et tous ceux qui

» seront pris les armes à la main, seront punis » de la même peine. » Et enfin, conformément á l'article III des complices des crimes, qui porte : « Lorsqu'un vol aura été commis avec » l'une des circonstances spécifiées aux précé» dens articles; quiconque sera convaincu d'a» voir reçu gratuitement, acheté ou recélé » tout ou partie des effets volés, sachant que » lesdits effets provenoient d'un vol, sera ré» puté complice, et puni de la même peine pro» noncée par la loi contre les auteurs dudit » crime ».

Condamne Claude-Melchior Cottet, dit le *Petit Chasseur*, à la peine de mort; ordonne que ses biens seront confisqués au profit de la république française, et que les bijoux et autres effets ayant appartenu au garde-meuble, seront remis entre les mains du ministre de l'intérieur, pour être par lui réintégrés audit garde-meuble.

Ordonne qu'à la diligence du commissaire national, le présent jugement sera exécuté dans les vingt-quatre heures, dans la place de la révolution, en face du garde-meuble, et qu'il sera imprimé, publié et affiché dans l'etendue du département de Paris.

Arrivé à la place de la révolution, il demanda à monter au garde-meuble; ce qui lui fut sur-le-champ accordé. On avoit des indices qu'il devoit avoir caché sa part de diamans dans quelqu'endroit, et l'on auroit désiré que, pour l'intérêt public, il en fît l'aveu; il y parut d'abord disposé; mais ayant repris ses sens, il parut plongé dans ses réflexions. L'exécuteur alloit lui délier les mains, pour qu'il fût plus libre, et qu'il pût même signer sa déclaration; mais se réveillant alors comme d'un profond sommeil, il demanda à marcher à la mort. En vain on lui opposa des principes sacrés, rien ne put le détourner de la résolution qu'il avoit prise de ne rien déclarer; ce que voyant les citoyens président et commissaire national, ils ont ordonné l'exécution du jugement.

Affaire de MIETTE *et de sa femme, prévenus d'avoir participé au vol du garde-meuble de la république.*

La premiere section du tribunal, dans son audience du 20 novembre, s'est occupée de l'affaire de Miette et de sa femme, lesquels interrogés de leurs noms, surnoms, âge, qualité et demeure:

L'homme a déclaré s'appeler *Paul Miette*, ci-devant metteur-en-œuvre, puis marchand d'argent, et actuellement, lors de son arrestation, sur le point de reprendre son ancien état de marchand de vin, âgé de trente-cinq ans, natif de Paris, demeurant à Belleville.

La femme a dit se nommer *Marie-Françoise Brabant*, femme Paul Miette, âgée de trente-quatre ans, native d'Argenteuil.

Il résulte de l'acte d'accusation, qu'il est prévenu d'être du nombre de ceux qui ont spolié le garde-meuble, et d'avoir ensuite acheté à vil prix, de ses complices, des diamans et autres bijoux, d'avoir monté au garde-meuble, accompagné des nommés le Tord et Basile, dans la nuit du 11 au 12 septembre dernier; d'avoir, après ce vol immense, quitté subitement son domicile de la rue de Bussy, en payant un terme qui n'étoit pas échu, et un autre qui n'étoit pas commencé.

Les témoins entendus; l'accusateur public entendu dans le résumé des charges, le citoyen Gobert, défenseur de l'accusé, commence alors son plaidoyer. Le président pose ensuite les questions, et voici quelle est la déclaration du juré :

1°. Qu'il est constant qu'il a été formé un complot, une conjuration tendante à spolier le garde-meuble de la république, des richesses immenses qu'il renfermoit, lesquels complots et conjuration ont été exécutés à force ouverte et à main armée, à l'aide de fausses patrouilles, munis de mots d'ordre, etc.

2°. Que Paul Miette, accusé depuis 1779, de différens crimes, et déjà flétri par la justice, est convaincu d'avoir été un des premiers instigateurs de ce complot, d'y avoir participé, et d'avoir vendu à son profit une partie des diamans et bijoux qui ont été volés au garde-meuble.

3°. Qu'il l'a fait sciemment, méchamment et dans le dessein de nuire.

4°. Que Marie-Françoise Brébant n'est pas convaincue d'avoir été complice de Paul Miette, dans le vol du garde-meuble.

D'après cette déclaration, le tribunal a prononcé, à l'égard de la femme Paul Miette qu'elle étoit acquittée de l'accusation, et qu'elle seroit sur-le-champ mise en liberté.

Le citoyen président, après qu'elle a été retirée, a ordonné que l'accusé fût amené à l'audience; ce qui ayant été exécuté, il lui a été donné lecture de la déclaration du juré à son égard; alors il s'est écrié en pleurant: où sont les preuves pour me condamner?

L'accusateur public ayant ensuite conclu

à l'application de la loi, qui porte la peine de mort contre les auteurs et complices de la résistance, avec violence, à la force armée, ainsi que nous l'avons précédemment rapporté, lors des jugemens de Meyrand, dit Grand-Con, et Cottet, dit le Petit Chasseur: Je ne connois point la loi, a dit l'accusé.

Le tribunal, d'après la déclaration du jury, faisant droit sur les conclusions de l'accusateur public, a condamné Paul Miette à la peine de mort; a ordonné en outre, que le jugement sera exécuté sur la place de la Révolution, ci-devant Louis XV; et que ses biens seront confisqués au profit de la république.

La confiscation a excité ses réclamations: « Ce » n'est pas la mort que je crains, a-t-il dit, c'est » le sort de ma pauvre femme que je crains. »

Le président lui observe que sa femme est acquittée, et déja mise en liberté: Eh! qui est-ce qui l'accusoit? ajoute-t-il, en se retirant: il a déclaré que son intention étoit de se pourvoir en cassation.

OBSERVATION sur *les guillotinés du garde meuble.*

Des fripons, des scélérats de tout pays, escaladerent le garde-meuble et le volerent; le nœud de cette abominable intrigue, donna lieu à des conjectures différentes; *le tartuffe Roland*, cet ex-ministre dont la cabale brissotine vantoit si fort les vertus et la popularité, joua un grand rôle dans cette affaire; mais sachant adroitement se mettre derriere le rideau il déposa contre ses complices, dont une partie eut les honneurs du panier; les autres esquiverent la guillotine, dieu sait comment! Les autorités constituées de ce tems-là, les surveillans employerent-ils les précautions nécessaires, pour prévenir les suites de ce vol fameux? La diligence infatigable de l'administration de police actuelle et du département, résoudront cette question.

Derniere audience du tribunal, & discours du citoyen LULLIER.

Le tribunal qui, depuis trois mois et demi, rendoit jours & nuits, la justice à ses concitoyens, aux grands regrets des vrais ennemis de la république, s'attendoit depuis quelque tems, à être supprimé au premier jour; cependant il ne pensoit pas l'être avec tant de célérité; sur la proposition de Garran-Coulon, organe du comité de législation, la convention nationale, dans sa séance du 29 novembre, a supprimé le tribunal pour le surlendemain premier décembre, les jurés avoient été appelés pour une cause intéressante, dont les débats devoient commencer le 30, et qui étoit susceptible de durer peut-être quarante-huit ou cinquante heures, ce qui auroit porté le jugement bien au-delà du terme fixé par la loi du 29; en conséquence, le tribunal craignant que le jugement qui devoit suivre ne fût frappé de nullité, dépêcha un messager vers la convention nationale, à l'effet de savoir s'il pouvoit commencer la cause pour laquelle les jurés et les témoins avoient été mandés.

Vers les onze heures du matin, le tribunal reçut expédition du décret qui prononçoit sa suppression, par une ordonnance que lui envoya le ministre de la justice.

Le tribunal donna ordre à la gendarmerie de service, d'amener à l'audience, les nommés Chambon, Douligny, Depeyron, dit *Francisque*, Badarel, Gallois, dit *Matelot*, et ci-devant comdamnés à mort pour le vol du garde-meuble de la république.

Traduits devant le tribunal, le citoyen Pepin, président, leur déclara que le sursis qui leur avoit été accordé cessoit avec l'existence du tribunal. A ces mots, les condamnés crurent qu'il étoit question de marcher sur-le-champ à la guillotine; Chambon et Gallois se trouverent mal, mais ayant entendu le président ajouter qu'ils avoient le droit de se pourvoir en cassation, cela leur ranima les forces; cinq sur-le-champ demanderent acte au tribunal de la demande qu'ils en firent à l'audience, ce qui leur fut accordé.

Le président demanda à Douligny si son intention étoit aussi de se pourvoir: celui-ci répondit que le tribunal l'avoit traité avec humanité, ainsi que ses complices, et qu'il feroit ce qu'il ordonneroit.

Le tribunal lui donna comme aux autres; acte de son appel.

Ne recevant aucune nouvelle de la convention nationale, le tribunal envoya un huissier, savoir ce qui s'étoit passé à son égard; il arriva au moment que la séance venoit d'être levée; ayant parlé à un membre, il l'assura qu'il avoit été rendu un décret de prorogation.

Etant venu rendre compte de sa mission, le tribunal qui étoit resté depuis le matin, en état de permanence, députa l'un de ses membres (le citoyen Desvieux) vers le ministre de la justice, afin de savoir, oui ou non, s'il avoit été rendu un décret; les citoyens

toyens gendarmes, jaloux de témoigner leur gratitude & leur civisme, demanderent d'accompagner le député, ce qui leur fut accordé.

Vers les huit heures du soir, le citoyen Desvieux est revenu, apportant le décret, portant que la convention nationale avoit passé sur la demande du tribunal, à l'ordre du jour; sur-le-champ, le tribunal, faisant droit sur les conclusions de l'accusateur public, a déclaré que ses fonctions étoient finies. Le citoyen Lulier demanda la parole & prononça le discours suivant:

CITOYENS,

Nommé par le peuple, ce tribunal en a eu la force & l'énergie.

Toutes les autorités ont paru devant nous, sans aucune exception particuliere, parce que nous n'avons connu que l'égalité; mais un caractere de justice aussi prononcé en nous, faisant redouter de cette classe d'hommes farouches qui tendent sans cesse à la suprématie, et qui n'usent de la puissance du peuple que pour l'asservir: ce caractère, dis-je, devoit faire de tous ces hommes, des ennemis cruels pour le tribunal; en effet, vous avez vu la calomnie verser sur nous ses poisons subtils et dangereux ; mais vous étiez là, vous avez applaudi à nos travaux ; & fiers de vos suffrages, nous avons méprisé la calomnie.

Aujourd'hui, citoyens, le tribunal est supprimé ; mais toujours dignes de vous, toujours dignes de nous-mêmes, nous dédaignons de regarder en arriere, pour connoître la main qui nous a frappés. La loi a parlé, nous suspendons nos fonctions ; c'est à vous de juger de quelle maniere nous les avons remplies.

DÉCRET

DE L'ASSEMBLÉE NATIONALE,

Du 17 août 1792, l'an quatrieme de la liberté.

L'assemblée nationale considérant qu'après avoir remédié à l'insuffisance du juré déja existant, par un nouveau juré d'accusation et de jugement, des crimes commis dans la journée du 10 août courant et des autres crimes y relatifs, circonstances et dépendances, elle doit pareillement remédier à l'insuffisance du tribunal criminel et des tribunaux d'arrondissement du département de Paris, décrete qu'il y a urgence.

L'assemblée nationale, après avoir décrété l'urgence, décrete ce qui suit:

ARTICLE PREMIER.

Il sera procedé à la formation d'un corps électoral, pour nommer les membres d'un tribunal criminel destiné à juger les crimes commis dans la journée du 10 août courant, et autres crimes y relatifs, circonstances et dépendances.

II. Ce tribunal sera composé de huit juges, huit suppléans, deux accusateurs publics, quatre greffiers, huit commis-greffiers, et deux commissaires nationaux nommés par le pouvoir exécutif provisoire.

Le tribunal sera divisé en deux sections, composées chacune de quatre juges, quatre suppléans, un accusateur public, deux greffiers, quatre commis-greffiers et un commissaire national.

Les deux juges qui auront été élus les premiers, présideront chacun une des sections.

Les greffiers de chaque section présenteront quatre commis qui, après avoir été agréés par les juges de la section, prêteront serment devant le tribunal.

III. Les fonctions des juges, des accusateurs publics et des commissaires nationaux; ainsi que celles des directeurs du juré dont il sera parlé ci-après, seront les mêmes que celles des juges du tribunal criminel, du directeur du juré, de l'accusateur public et du commissaire du roi, dont est question en la loi du 29 septembre 1791, sur les jurés.

Les juges prononceront en dernier ressort; sans qu'il puisse y avoir lieu à recours au tribunal de cassation.

IV. Le corps électoral sera composé d'un électeur nommé par chaque section de Paris, à la pluralité relative des suffrages.

Le doyen d'âge sera président du corps électoral; les trois plus âgés après lui seront scrutateurs, et le président et les scrutateurs nommeront le secrétaire.

V. Le procureur de la commune convoquera sur-le-champ, pour la nomination des électeurs, les assemblées des sections de Paris.

Chaque section enverra à l'instant à la commune l'électeur par elle nommé, avec expédition du procès-verbal de son élection.

Aussi-tôt après la réunion à la maison commune, de trente-six électeurs dont les pouvoirs seront vérifiés par le procureur de la commune, l'assemblée électorale se formera et commencera les élections.

VI. Le corps électoral nommera sept directeurs de juré.

Quatre directeurs de juré formeront un tribunal qui remplira les fonctions assignées aux tribunaux ordinaires, dans les cas où les directeurs de juré sont obligés d'y référer.

Les quatre premiers directeurs nommés formeront ce tribunal.

Les qualités nécessaires pour être nommé juges, suppléans, directeur du juré, accusateur public et commissaire national, sont d'être âgé de vingt-cinq ans, et d'avoir exercé les fonctions de juge, d'homme de loi ou d'avoué, au moins pendant un an, auprès d'un tribunal.

VII. Les nominations des juges, des suppléans, des accusateurs publics se feront à la pluralité absolue des suffrages du corps électoral.

Celles des greffiers se feront à la pluralité relative.

VIII. Les juges, les suppléans, les directeurs du juré et les accusateurs publics, prêteront, en présence des représentans de la commune, chargés de choisir le lieu de leur séance et de les installer, le serment d'être fideles à la nation, de maintenir la liberté, l'égalité et l'exécution des loix ou de mourir à leur poste.

Les commissaires nationaux et les greffiers prêteront après l'installation le même serment entre les mains des juges.

IX. Les deux sections du tribunal criminel seront en activité sans intervalle de sessions, et les délais pour la convocation et la réunion des jurés d'accusation et de jugement, ne pourront jamais excéder vingt-quatre heures.

X. Le costume et le traitement des membres composant le tribunal créé par le présent décret, seront les mêmes que ceux attribués aux membres du tribunal criminel du département de Paris.

XI. Le présent décret sera proclamé solemnellement dans le jour par les représentans de la commune, dans les places publiques de la ville de Paris, lu, publié et affiché dans chaque assemblée de section, et certificat desdites proclamations, lectures et affiches sera envoyés sans délai à l'assemblée nationale par les comités de section et par le procureur de la commune.

Collationné à l'original par nous ex-président

et secrétaires de l'assemblée nationale, le 17 août 1792, l'an 4e de la liberté. Muraire, *ex-président*; Marans, Azéma, Sébastien Delaporte, G. Romme, Goujon, Crestin, *secrétaires*.

DÉCRET
DE LA CONVENTION NATIONALE

Du 10 mars 1793, l'an second de la république française,

Relatif à la formation d'un tribunal criminel extraordinaire.

La convention nationale, après avoir entendu le rapport de son comité de législation, décrete ce qui suit :

TITRE PREMIER.

De la composition & de l'organisation d'un tribunal criminel extraordinaire.

ARTICLE PREMIER.

Il sera établi à Paris un tribunal criminel extraordinaire, qui connoîtra de toute entreprise contre-révolutionnaire, de tous attentats contre la liberté, l'égalité, l'unité, l'indivisibilité de la république, la sûreté intérieure et extérieure de l'état, et de tous les complots tendans à rétablir la royauté, ou à établir toute autre autorité attentoire à la liberté, à l'égalité et à la souveraineté du peuple, soit que les accusés soient fonctionnaires civils ou militaires, ou simples citoyens.

II. Le tribunal sera composé d'un juré et de cinq juges qui dirigeront l'instruction et appliqueront la loi après la déclaration du juré sur le fait.

III. Les juges ne pourront rendre aucun jugement, s'ils ne sont au moins au nombre de trois.

IV. Celui des juges qui aura été le premier élu, présidera; et en cas d'absence, il sera remplacé par le plus ancien d'âge.

V. Les juges seront nommés par la convention nationale, à la pluralité relative des suffrages, qui ne pourra néanmoins être inférieur au quart des voix.

VI. Il y aura auprès du tribunal, un accusateur public et deux adjoints ou substituts, qui seront nommés par la convention nationale, comme les juges, et suivant le même mode.

VII. Il sera nommé dans la séance de demain, par la convention nationale, douze citoyens du département de Paris et des quatre départemens qui l'environnent, qui rempliront les fonctions de juré, et quatre suppléans du même département, qui remplaceront les jurés en cas d'absence, de récusation ou de maladie. Les jurés rempliront leurs fonctions jusqu'au premier mai prochain: et il sera pourvu, par la convention nationale, à leur remplacement et à la formation d'un juré pris entre les citoyens de tous les départemens.

VIII. Les fonctions de la police de sûreté générale, attribuées aux municipalités et aux corps administratifs, par le décret du 11 août dernier, s'étendront à tous les crimes & delits mentionnés dans l'article premier de la présente loi.

IX. Tous les procès-verbaux de dénonciation, d'information, d'arrestation, seront adressés en expédition par les corps administratifs à la convention nationale, qui les renverra à une commission de ses membres, chargée d'en faire l'examen, et de lui en faire le rapport.

X. Il sera formé une commission de six membres de la convention nationale, qui sera chargée de l'examen de toutes les pieces, d'en faire le rapport, et de rédiger et présenter les actes d'accusation; de surveiller l'instruction qui se fera dans le tribunal extraordinaire, d'entretenir une correspondance suivie avec l'accusateur public et les juges, sur toutes les affaires publiques qui seront envoyées au tribunal, et d'en rendre compte à la convention nationale.

XI. Les accusés qui voudront récuser un ou plusieurs jurés, seront tenus de proposer les causes de récusation par un seul et même acte, et le tribunal en jugera la validité dans les vingt-quatre heures.

XII. Les jurés voteront et formeront leur déclaration publiquement, à haute voix, et à la pluralité absolue des suffrages.

XIII. Les jugemens seront exécutés sans avoir recours au tribunal de cassation.

XIV. Les accusés de fuite qui ne se représenteront pas dans les trois mois du jugement, seront traités comme émigrés, et sujets aux mêmes peines, soit par rapport à leur personne, soit par rapport à leurs biens.

XV. Les juges du tribunal éliront à la pluralité absolue des suffrages, un greffier et deux huissiers. Le greffier aura deux commis, qui seront reçus par les juges.

TITRE II.

Des peines.

ARTICLE PREMIER.

Les juges du tribunal extraordinaire prononceront les peines portées par le code pénal et les loix postérieures contre les accusés convaincus; et lorsque les délits qui demeureront constans, seront dans la classe de ceux qui doivent être punis des peines de la police correctionnelle, le tribunal prononcera ces peines, sans renvoyer les accusés aux tribunaux de police.

II. Les biens de ceux qui seront condamnés à la peine de mort seront acquis à la république, et il sera pourvu à la subsistance des veuves et des enfans s'ils n'ont pas de biens d'ailleurs.

III. Ceux qui étant convaincus de crimes ou de délits, qui n'auroient pas été prévus par le code pénal et les loix postérieures, ou dont la punition ne seroit pas déterminée par les loix, et dont l'incivisme et la résidence sur le territoire de la république, auroient été un sujet de trouble public & d'agitation, seront condamnés à la peine de déportation.

Le conseil exécutif est chargé de pourvoir à l'emplacement du tribunal.

V. Le traitement des juges, greffiers, commis et des huissiers, sera le même que celui qui a été décrété pour les juges, greffiers, commis et huissiers du tribunal criminel du département de Paris.

Collationné à l'original, par nous president et secrétaires de la convention nationale A Paris, ce 12 mars 1793, l'an second de la république française. *Signé* GENSONNÉ, *président;* MALLARMÉ, L. J. CHARLIER et J. JULIEN, *secrétaires.*

BULLETIN

DU TRIBUNAL CRIMINEL

RÉVOLUTIONNAIRE,

Etabli au palais, à Paris, par la loi du 10 mars 1793, pour juger sans appel les conspirateurs.

> Celui qui met un frein à la fureur des flots,
> Sait aussi des méchans arrêter les complots.

Audience du samedi 6 avril 1793, l'an deuxième de la république française, une et indivisible.

Affaire de Louis GUYOT-DUMOLLANS, *gentilhomme poitevin, prévenu d'émigration et d'être rentré en France, au mois de décembre dernier, au mépris de la loi du 23 octobre précédent, et encore d'avoir servi dans l'armée des émigrés, qui étoient campés au mois de septembre dernier, à une lieue de Verdun.*

INTERROGÉ de ses noms, surnoms, âge, qualité, lieu de naissance et demeure :

A répondu se nommer Louis Guyot-Dumollans, laboureur, âgé de 42 ans, natif d'Allon en bas Poitou.

Un des citoyens greffiers donne lecture de l'acte d'accusation.

Après la lecture dudit acte, les témoins entendus, les débats terminés :

Le président ayant posé les questions, les citoyens jurés se sont retirés en leur chambre pour en délibérer. Rentrés à l'audience, ils ont, conformément à la loi, portant institution du tribunal, délibéré individuellement à haute voix, devant le peuple immense qui assistoit à l'audience.

1°. Est-il constant que Louis-Guyot dit Dumollans, ci-devant gentilhomme poitevin, natif d'Allon, près d'Anis, département de la Charente, âgé de 42 ans, a émigré du territoire de la république dans les mois de février ou de mars 1792?

La déclaration du juré est que le fait est constant.

2°. Est-il constant que ledit Louis Guyot a été trouvé saisi, au moment de son arrestation, d'une cocarde blanche, d'un bouton fleurdelysé, de deux pistolets, de plusieurs balles et lingots de différens calibres, d'un passe-port du bourguemestre régent de Malmédy, en date du 30 novembre dernier, et d'une permission à lui donnée pour venir à Verdun, datée du 29 septembre précédent, signée Barbecieres, commandant de la quatrieme compagnie de la coalition des gentilshommes Poitevins, et visée Pérusse Desca, lieutenant-général, et d'une carte coloriée, portant les deux lettres finales O T.

La déclaration du juré est que le fait est constant.

3°. Est-il constant que Louis Guyot soit rentré en France du 8 au 9 décembre 1792?

La déclaration du juré est que le fait est constant.

Ces déclarations ont été faites à l'unanimité.

L'accusateur public a de suite donné lecture des loix des 23 octobre et 7 novembre dernier, portant bannissement perpétuel des émigrés hors du territoire de la république, et peine de mort pour ceux qui tenteroient d'y rentrer; il a conclu à ce que ces loix fussent appliquées, et que Louis Guyot fût puni de mort.

Le citoyen président ayant interpellé l'accusé de déclarer s'il avoit quelque chose à dire contre l'application de la loi, il a répondu: si j'avois connu les loix, je ne m'y serois pas exposé.

Le tribunal, après avoir entendu la déclaration des jurés, faisant droit sur les conclusions de l'accusateur public, condamne Louis Guyot dit Dumollans, à la peine de mort; ordonne, conformément à la loi, que ses biens demeureront acquis et confisqués au profit de la république, et que l'exécution dudit jugement aura lieu sur la place de la Révolution.

L'exécution de ce jugement a eu lieu cinq heures après, c'est-a-dire vers les huit heures et demie du soir.

Audience du mercredi 10 avril 1793.

Procès de Nicolas LUTHIER.

L'accusé interrogé de ses noms, surnoms, âge, qualités, lieu de naissance et demeure:

A dit s'appeller Nicolas Luthier, canonnier de la sixieme division, caserné à la ci-devant Sorbonne, âgé de 42 ans, natif de Saint-Dizier en la ci-devant province de Champagne.

Il résulte de la lecture de l'acte d'accusation, que Luthier est prévenu d'avoir le jour de pasques, 31 mars dernier, entre onze heures et midi, abordé sur l'extrêmité du Petit-Pont, près la rue de la Huchette, un grouppe d'ouvriers d'ouvriers occupés à s'entretenir ensemble; de leur avoir demandé s'ils étoient républicains et s'ils avoient une âme, et d'après leurs réponses affirmatives, d'avoir ajouté ces mots: « et moi aussi j'en ai une, mais elle est pour » mon roi, qui m'a toujours bien payé; il » est mort, mais nous en aurons bientôt un » autre; il paroîtra quand il en sera tems; » ajoutant que la France trop grande pour » être république, étoit perdue si elle n'avoit » pas un roi; » d'avoir soutenu les mêmes propos au comité de la section, et de les avoir ensuite niés, lors de son interrogatoire par lui subi au tribunal.

On procède à l'audition des témoins.

Les débats terminés:

Le président pose les questions sur chacune desquelles les jurés ont fait les déclarations suivantes:

1°. Nicolas Luthier, ancien grenadier au régiment du ci-devant roi, engagé depuis dans le régiment n°. 102, fait prisonnier de guerre à Treves le 19 décembre 1792, renvoyé sans carte d'échange huit jours après par l'ennemi, au dire de ce dernier, est-il convaincu d'avoir abordé le 31 mars dernier, entre onze heures et midi, au coin de la rue de la Huchette, un grouppe d'ouvriers qu'il ne connoissoit pas ?

La déclaration unanime des jurés est qu'il est convaincu.

2°. Nicolas Luthier est-il convaincu d'avoir demandé à ces ouvriers s'ils étoient patriotes et républicains, et s'ils avoient une âme ; et sur leurs réponses affirmatives, de leur avoir dit que son âme étoit pour son roi qui l'avoit bien payé, que si le roi étoit mort, il existoit encore, et paroîtroit sous peu?

La déclaration unanime des jurés est qu'il est convaincu.

3°. Est-il constant que Nicolas Luthier a déclaré qu'il falloit un roi ?

La déclaration des jurés est que le fait est constant.

D'après les déclarations ci-dessus :

Le tribunal faisant droit sur les conclusions de l'accusateur public, condamne Nicolas Luthier, à la peine de mort, conformément à la loi du 4 décembre 1792, dont il a été donné lecture; ordonne que ses biens, si aucuns il a, demeureront acquis et confisqués au profit de la république, et que le présent jugement qui sera exécuté sur la place de la maison commune, sera imprimé et affiché dans les 86 départemens.

Avant l'application de la loi, le président ayant interpellé Luthier de déclarer s'il n'avoit rien à dire, il a dit : « Qu'il attestoit les dieux qu'il ne pardonneroit jamais sa mort à ceux qui le condamnoient, attendu qu'il étoit ivre, et ne savoit ce qu'il disoit.

Audience du jeudi 11 avril 1793.

Affaire de Louis - Philibert-François ROUXEL-BLANCHELANDE, *ci-devant maréchal-de-camp, et lieutenant au gouvernement des Isles Françaises sous-le-vent.*

Interrogé de ses noms, sur-noms, âge, qualités, lieu de naissance et demeure :

A dit se nommer Louis-Philibert-François Rouxel-Blanchelande, âgé de 56 ans, natif de .... département du Jura, maréchal-de-camp, et lieutenant au gouvernement des Isles françaises sous-le-vent.

Lecture faite de l'acte d'accusation, les témoins entendus :

L'accusateur public analyse le résultat des débats.

Le citoyen Tronçon-Ducoudray, défenseur de l'accusé, est ensuite entendu.

Il suffira de dire que pendant trois heures qu'il a parlé, le peuple immense qui remplissoit l'auditoire, (quoiqu'il fût deux heures du matin) l'a écouté avec admiration dans le plus profond silence.

Le citoyen président a posé chacune des questions, sur lesquelles les jurés avoient à prononcer; ceux-ci après s'être retirés dans leur chambre et en avoir délibéré, sont rentrés à l'audience, ont fait à haute voix et individuellement la déclaration suivante, portant que:

« 1°. Il y a eu à Saint-Domingue des déportations arbitraires pendant que Blanchelande étoit lieutenant au gouvernement général des îles françaises sous le vent; 2°. que ledit Blanchelande est convaincu d'avoir autorisé ces déportations arbitraires; 3°. qu'il y a eu à Saint-Domingue, des détentions arbitraires de plusieurs citoyens; 4°. que ledit Blanchelande est convaincu d'avoir autorisé ces détentions; 5°. qu'il y a eu à Saint-Domingue un parti contre-révolutionnaire portant, pour signe de ralliement, un pompon blanc; 6°. que ledit Blanchelande est convaincu d'avoir favorisé ce parti; 7°. que pendant l'existence du parti contre-révolutionnaire, il y a eu des complots tendans à allumer la guerre civile dans la colonie, à troubler l'état dont elle fait partie, et à armer les citoyens contre l'autorité légitime; 8°. que ledit Blanchelande est convaincu d'avoir secondé ces complots; 9°. que, dans tous les faits qui viennent d'être énoncés, ledit Blanchelande a eu des intentions contre-révolutionnaires.»

Le président ordonne que l'on fasse entrer l'accusé; cet ordre ayant été exécuté, il lui a fait part de la déclaration du juré, lui observant que les deux dernieres questions avoient pour l'affirmative, neuf voix sur onze.

L'accusateur public, sur la déclaration du juré, conclut à la peine de mort, motivé sur l'existence de la loi.

Le président demande à l'accusé s'il n'a rien à dire contre l'application de la loi.

L'accusé répond: je jure par Dieu que je

vais voir tout-à-l'heure, que je n'ai trempé pour rien dans les faits que l'on m'impute.

Une pâleur mortelle se répand sur le visage de l'accusé.

Le premier juge motive son opinion, et conclut à la peine de mort et à la confiscation de ses biens au profit de la République.

L'accusé répond : elle n'aura rien, car je n'ai rien.

Le président, après avoir reçu les opinions motivées de chacun des juges du tribunal, y joint la sienne et prononce le jugement suivant.

Après soixante-quinze heures de séance.

Le Tribunal, après avoir entendu l'accusateur public, sur l'application de la loi, condamne ledit Philibert-François Rouxel-Blanchelande à la peine de mort, conformément à l'art. 2. 2e section, titre Ier. de la seconde partie du code pénal dont il a été fait lecture.

Que le présent jugement sera, à la diligence de l'accusateur public, exécuté sur la place de la Réunion de cette ville, et qu'il sera imprimé, publié et affiché dans toute l'étendue de la République.

Fait à Paris le 15e jour du mois d'avril mil sept cent quatre-vingt-treize, 2e. de la république, en l'audience publique du tribunal, où étoient présens Jacques-Bernard-Marie Montané, président; Etienne Foucault, Christophe Dufriche-Desmagdeleines, et Antoine Roussillon, juges du tribunal, qui ont signé la minute du présent jugement.

Il est sept heures du matin, lundi 15 avril l'exécution a eu lieu le même jour sur les trois heures.

OBSERVATION sur *Blanchelande.*

Un nombre infini de victimes égorgées par les ordres de ce monstre exécrable, laisserent une trace ineffaçable de forfaits les plus affreux. Infortunés! votre sang est encore empreint sur la terre de Saint-Domingue, & vous ne fûtes que foiblement vengés. Qu'est-ce qu'une guillotine pour ces abominables horreurs? & pourquoi de tels monstres n'ont-ils pas plusieurs têtes? Autant les derniers supplices de l'ancien régime révoltoient l'humanité, autant on souhaiteroit que les bourreaux, tels que Blanchelande, eussent mille vies, pour expier dans les tortures leurs sanguinaires atrocités.

Audience du jeudi 18 avril 1793.

Interrogatoire et jugement de Jeanne-Catherine Clere, convaincue d'avoir provoqué le rétablissement de la royauté en France.

A elle demandé quels sont ses noms, âge, qualités, lieu de naissance et demeure :

A répondu se nommer Catherine Clere, fille domestique, âgée de 46 ans; que son maître demeure rue des Poulies.

Lecture faite de l'acte d'accusation.

Les témoins entendus, l'accusateur public et le défenseur entendus, le président a posé les questions.

Les jurés après en avoir délibéré, ont fait la déclaration suivante à l'unanimité :

1°. Il est constant qu'il s'est tenu des propos tendans à provoquer le massacre de la convention nationale, la dissolution de la république et le rétablissement de la royauté en France; que ces propos ont été tenus publiquement et à différentes époques dans certains cafés, et notamment dans la nuit du 7 mars, au corps-de-garde de S. Firmin, section des sans-culottes.

2°. Que Jeanne-Catherine Clere est convaincue d'avoir tenu ces propos.

3°. Que Jeanne-Catherine Clere est convaincue d'avoir tenu ces propos avec des intentions contre-révolutionnaires.

Le président ordonne que l'accusée soit ramenée à l'audience, ce qui est exécuté; il lui fait part de la déclaration des jurés.

L'accusateur public donne lecture de la loi du 4 décembre 1792.

Le tribunal, d'après la déclaration des jurés, faisant droit sur les conclusions de l'accusateur public, condamne Jeanne-Catherine Clere à la peine de mort, conformément à la loi dont il a été donné lecture; ordonne que le présent jugement sera exécuté sur la place de la réunion; et que conformément à la loi, ses biens demeureront acquis et confisqués au profit de la république.

L'exécution a eu lieu vendredi 19 avril, vers une heure après midi.

Audience du vendredi 19 avril 1793.

Interrogatoire d'Anne-Hyacinthe Vaujour, ci-devant colonel du 3e. régiment de dragons de l'armée de Dumourier, prévenu d'avoir tenu des propos tendans à provoquer le rétablissement de la royauté en France.

Interrogé de ses noms, âge, lieu de naissance et demeure :

A répondu s'appeller Anne-Hyacinthe Vaujour, âgé de quarante-sept ans et demi, ci-devant colonel du troisieme régiment de dragons à l'armée du nord, demeurant ordinairement à Paris, rue de Bievre, section du panthéon français.

Les témoins entendus, l'accusateur public résume les charges.

Les défenseurs de l'accusé sont entendus en leurs plaidoieries.

Le président pose les questions, sur chacune desquelles les jurés de jugement, après en avoir délibéré, ont fait la déclaration suivante :

1°. Il est constant qu'il a été tenu le vingt mars dernier et jours précédens, en présence de nombre de personnes, notamment chez le citoyen Levaux, teinturier, rue de Bievre, et successivement chez le citoyen Bertin, rue Mouffetard, des propos tendans à opérer, par le meurtre et l'incendie, la dissolution de la représentation nationale, d'une société patriotique, le rétablissement de la royauté.

2°. Qu'Anne-Hyacinthe Vaujour est convaincu d'être l'auteur de ces propos.

3°. Qu'Anne-Hyacinthe Vaujour est convaincu d'avoir eu, par ses discours, l'intention de provoquer le rétablissement de la royauté en France.

D'après la déclaration du juré, le tribunal faisant droit sur les conclusions de l'accusateur public, condamne Anne-Hyacinthe Vaujour à la peine de mort, conformément à la loi du 4 décembre dernier, dont il a été donné lecture; ordonne que ses biens demeureront acquis et confisqués au profit de la république, et que le présent jugement sera exécuté sur la place de la réunion, etc.

L'exécution a eu lieu samedi 20 avril, entre midi et une heure.

Audience du samedi 20 avril 1793.

Procès de CLINCHAMP.

L'accusé interrogé de ses noms, surnoms, âge, qualités, lieu de naissance et demeure :

A répondu que son nom est Antoine-Jean Clinchamp dit S. André, natif de Montbrison, département de la Sarthe, âgé de 47 ans, demeurant à Paris, hôtel de Nevers, rue d'Orléans S. Honoré.

Il résulte de la lecture de l'acte d'accusation que l'accusé est prévenu d'être l'auteur d'un imprimé en 14 pages, ayant pour titre : *aux amis de la vérité*; avec cette épigraphe : *Quid fuimus ? ancipites : quid sumus ? quid erimus ? infelices, heu !* Qu'avons-nous été ? douteux : que sommes-nous ? que serons-nous ? malheureux, hélas !

Lequel écrit provoque au meurtre, à la violation des propriétés, à la dissolution de la représentation nationale et au rétablissement de la royauté.

Les témoins entendus, on entend le défenseur de l'accusé.

Le président pose les questions. Voici après en avoir délibéré, la déclaration des jurés de jugement portant :

1°. Qu'il est constant qu'il a été composé et imprimé un ouvrage intitulé : *aux amis de la vérité*, dans lequel l'auteur provoque au meurtre, à la dissolution de la représentation nationale et au rétablissement de la royauté.

2°. Qu'Antoine-Jean Clinchamp S. André, prêtre, ci-devant prieur du ci-devant prieuré de Clisson, dans le département de la Loire inférieure, natif de la paroisse de Montbrison, département de la Sarthe, est convaincu d'en avoir remis le manuscrit avec 25 liv., à la femme d'un libraire, pour le faire imprimer ; d'en avoir corrigé l'épreuve, et de l'avoir fait vendre dans l'intention d'en partager le profit.

3°. Qu'Antoine-Jean Clinchamp S. André, est convaincu de l'avoir fait dans des intentions criminelles et contre-révolutionnaires.

L'accusé ramené à l'audience, le président lui a fait part de la déclaration des jurés.

L'accusateur public est entendu ; il conclut à l'application de la loi du 4 décembre dernier.

Le tribunal d'après la déclaration du juré, ouï l'accusateur public en ses conclusions, y faisant droit, condamne Antoine-Jean Clinchamp S. André, à la peine de mort, conformément a la loi dont il a été donné lecture; ordonne que ses biens demeureront acquis et confisqués au profit de la république; que le présent jugement sera exécuté sur la place de la réunion, imprimé et affiché par-tout où besoin sera.

Lorsque l'accusé a entendu l'accusateur public conclure à la peine de mort, il a dit ces seuls mots: *Ah! mon dieu!* qu'il a répété plusieurs fois. L'exécution a eu lieu dimanche 21 avril, à midi.

Audience du samedi 20 avril 1793.

Affaire de Gabriel DUGUIGNY, *prévenu d'émigration.*

Interrogé de ses noms, surnoms, âge, qualités, lieu de naissance et demeure:

A dit s'appeller Gabriel Duguigny, être âgé de 30 ans, et n'avoir point d'état, natif de Nantes.

A lui demandé ce qu'il faisoit avant son arrestation.

R. J'ai servi dans la marine.

Lecture faite de l'acte d'accusation, l'accusateur résume les charges.

Voici la déclaration du juré de jugement portant :

1°. Qu'il est constant que Gabriel Duguigny, se disant originaire de Nantes, et ci-devant lieutenant de vaisseau, a émigré du territoire français, dans les premiers jours de janvier 1792.

2°. Qu'il est constant que Gabriel Duguigny est rentré en France sur la fin de novembre ou dans le courant de décembre dernier, sous des qualités et des noms supposés.

D'après cette déclaration, l'accusateur public conclut à la peine de mort, conformément à la loi du 23 octobre 1792, dont il donne lecture.

L'accusé paroit aussi tranquille que s'il s'agissoit d'un autre que lui; il dit sur les conclusions de l'accusateur public: *bien obligé.*

Le tribunal, d'après la déclaration des jurés, faisant droit sur les conclusions de l'accusateur public, condamne Gabriel Duguigny, à la peine de mort; ordonne que ses biens seront acquis et confisqués au profit de la république, conformément à la loi du 10 mars dernier.

Avant l'application de la loi, l'accusé dit : Il est d'usage qu'un malheureux condamné à mort, ait droit à quelque indulgence; je demande en grâce de pouvoir parler seul et sans temoin, à la demoiselle Urban : elle est la seule personne à qui je sois attaché dans ce monde; je fais cette demande, parce que j'ai quelque chose d'important à lui communiquer.

Le président, après le prononcé, annonce au condamné que le tribunal va prendre sa demande en considération. (On le fait retirer.)

D'après les observations de l'accusateur-public, sur les inconvéniens qui pourroient résulter de cette entrevue, le tribunal ordonne que le condamné ne pourra communiquer avec personne.

La demoiselle Urban, avec qui Duguigny vouloit communiquer, avoit été entendue comme témoin; elle n'a rien déposé ni à charge ni à décharge

L'exécution a eu lieu sur la place de la réunion, dimanche 21 avril, vers une heure après-midi.

En allant au supplice, Duguigny salua différentes personnes avec un air gai, sur-tout dans la rue S. Honoré.

Sa

Sa figure ne souffrit pas dans la route, la moindre altération.

Audience du samedi 27 avril 1793.

Affaire de F. BOUCHER.

Interrogé de ses noms, surnoms, âge, qualités, lieu de naissance et demeure :

A répondu s'appeller François Boucher, dentiste-herboriste, âgé d'environ 40 ans, natif du Mesnileude, district de Lisieux, département du Calvados, sans résidence fixe, attendu qu'il exerce son état en voyageant.

Lecture faite de l'acte d'accusation, les témoins entendus, l'accusateur public résume les faits; il observe que les opérateurs sont une classe de missionnaires d'autant plus dangereux, que ce n'est que parmi le peuple crédule, qu'ils peuvent faire leurs affaires. C'est aussi celui-là qui est le plus facile à égarer sur ses intérêts communs, les malveillans l'ont bien senti; aussi n'ont-ils pas manqué de leur peindre le nouveau régime comme désastreux, afin de diriger leurs opinions vers le but où ils se proposoient d'arriver.

Le défenseur de l'accusé est entendu en sa plaidoierie.

Le président pose les questions, et après en avoir délibéré, voici la déclaration unanime des jurés :

1°. Qu'il est constant que le vendredi 5 avril présent mois, un particulier a dit dans l'auberge du citoyen Pointepas, aux Fourneaux, paroisse S. Just, district d'Orléans, que Dumourier avoit pleuré trois jours et trois nuits, de s'être battu pour des tyrans et des brigands; que ce général viendroit à Paris avec son armée dont il étoit presque sûr, pour mettre à la raison la convention nationale, qui étoit composée de brigands, et rétablir un roi; qu'il en falloit un sous 15 jours, sans quoi la France seroit perdue; que lors de l'arrivée de Dumourier, il iroit au-devant de lui avec la cocarde blanche, et que le peuple feroit bien de s'emparer du trésor national.

2°. Que François Bo[illegible]er, se disant chirurgien-dentiste et herboriste, sans domicile fixe, est convaincu d'avoir tenu ces discours.

3°. Qu'il est convaincu de les avoir tenus dans des intentions contre-révolutionnaires.

D'après cette déclaration, le tribunal après

voir entendu l'accusateur public et la lecture de la loi du 4 décembre, condamne François Boucher, à la peine de mort, conformément à la loi; ordonne que ses biens, si aucuns il a, seront acquis et confisqués au profit de la république, et que le présent jugement sera exécuté sur la place de la réunion.

Reconduit à la conciergerie après son jugement, Boucher s'est mis à dire et répeter plusieurs fois ces mots: *vive Louis XVII*, au f.. la république.

OBSERVATION sur *Boucher*,

Dentiste, herboriste, empirique, & destructeur du genre humain; de bourgade en bourgade, traitant les agriculteurs, dans le genre des donneurs de billets dans les carrefours.

Ivrogne comme les charlatans, impudent comme les consultans d'urines, & menteur comme les diseurs de bonne aventure, il ne manquoit à *Boucher* que de s'aviser d'être trompette de *Dumourier*, & la guillotine pour gratification; il l'obtint : Ainsi soit de ses semblables.

Seconde audience du samedi 27 avril 1793.

Affaire de MINGOT.

Interrogé de ses noms, surnoms, âge, qualités, lieu de naissance et demeure :

A répondu se nommer Desiré-Charles Mingot, cocher de place, natif de Paris, paroisse S. Sulpice, âgé de 21 ans, demeurant rue du Champ-fleury.

Lecture faite de l'acte d'accusation, les témoins entendus, l'accusateur public résume les charges.

Le défenseur de l'accusé est entendu dans sa plaidoierie.

Le président pose les questions; les jurés se retirent pour en délibérer.

Voici le jugement qui a été rendu.

Le tribunal, vu la déclaration des jurés de jugement, portant:

1°. Qu'il est constant qu'un particulier arrêté le 2 avril, présent mois, entre onze heures et minuit, dans un café de cette ville, par une patrouille accompagnée du commissaire de la section de la halle-au-bled, et d'un sergent, a insulté et voulu maltraiter le commissaire; que conduit à la chambre d'arrêt dite le violon, il a dit que la nation étoient des voleurs, des gueux, des scélérats, que les gardes nationaux étoient des J. F.; qu'il chioit sur la nation, qu'il avoit déserté de plusieurs régimens, qu'il avoit servi tant qu'il y avoit eu un roi, et qu'à présent, qu'il n'y en avoit plus, il n'étoit plus soldat; qu'il étoit chef de parti, que si on lui donnoit dix mille livres pour partir pour les frontières, il les prendroit, qu'il partiroit et les mangeroit, puis reviendroit à Paris se f....d'eux; que l'on avoit une grande confiance en Dumourier, mais qu'il nous trahiroit en passant de l'autre côté.

2°. Qu'il est constant que plusieurs de ces propos ont été répétés le lendemain, entre neuf et dix heures du matin, par le même individu, au moment qu'on le conduisoit au comité de la section de la halle-au-bled.

3°. Que Desiré-Charles Mingot est convaincu d'être l'auteur de ces discours.

4°. Que Desiré-Charles Mingot est convaincu d'avoir tenu ces discours, dans des intentions contre-révolutionnaires.

Après avoir entendu l'accusateur public dans ses conclusions, ensemble la lecture de la loi du 4 décembre 1792, et celle du 10 mars 1793, le tribunal y faisant droit, condamne Desiré-Charles Mingot à la peine de mort, et ordonne que le présent jugement sera exécuté sur la place de la réunion de cette ville.

La déclaration des jurés a été unanime sur

les trois premières questions ; sur la quatriéme le citoyen Tinguet a voté pour la négative.

Audience du mercredi 1er mai 1793.

Affaire de JUSEAU.

Interrogé de ses noms, surnoms, âge, qualités, lieu de naissance et demeure :

A répondu s'appeller Antoine Juseau, âgé de 23 ans, négociant, natif de la ville d'Angoulême, y demeurant ordinairement.

Lecture faite de l'acte d'accusation, les témoins entendus ;

L'accusateur public entendu et le défenseur de l'accusé, le président résume les questions suivantes.

1°. Il n'est pas constant qu'Antoine Juseau, originaire de la ville d'Angoulême, ait quitté le territoire de la république, vers la fin de l'année 1791 ; et que par suite, il ait été employé sur la liste des émigrés.

2°. Il est constant qu'Antoine Juseau a émigré vers la fin de décembre 1792, le territoire de la république.

3°. Il est constant qu'Antoine Juseau a rentré sur le territoire de la république dans le courant du mois de mars dernier.

D'après la déclaration unanime des Jurés, l'accusateur public entendu sur l'application de la loi, le tribunal condamne Antoine Juseau à la peine de mort, d'après la loi du 23 octobre 1792, portant que tout émigré français sera banni à perpétuité du territoire de la république; que ceux qui tenteroient d'y rentrer au mépris de la loi, seront punis de mort; que ses biens seront acquis, s'il en a, au profit de la nation, suivant la loi du 10 mars dernier; ordonne que le présent jugement sera exécuté sur la place de la réunion

Juseau dit à Eméric, en se retirant: *Scélérat, c'est toi qui me fait périr.*

L'exécution a eu lieu Jeudi 2 mai, vers onze heures du matin.

Audience du jeudi 2 mai 1793.

Affaire de BEAUVOIR, BRÉARD *et* KOLLY.

Les accusés interrogés de leurs noms, surnoms, âges, qualités, lieu de naissance et demeure:

Le premier a répondu s'appeller François-Auguste Beauvoir, ci-devant gendarme, ayant précédemment servi en qualité de lieutenant dans la légion de Luxembourg, natif de Constantinople, âgé de 54 ans, demeurant ordinairement à Paris chez le citoyen Kolly, rue des Petites-Ecuries, et à Boulogne-sur-mer, rue du Puits-d'Amour.

Le second a déclaré se nommer Pierre-Paul Kolly, ancien fermier-général, âgé de 54 ans, demeurant à Paris, rue des Petites-Ecuries, et a Boulogne-sur-mer, rue du Puits-d'Amour.

Le troisieme a dit s'appeler Jean-Nicolas Bréard, ancien commissaire de la marine, âgé de 54 ans, demeurant à Paris, rue du Ponceau, section des amis de la patrie.

La femme accusée a dit se nommer Magdeleine-Françoise-Josephine Derabec, épouse du citoyen Kolly, demeurant avec lui à Paris et à Boulogne-sur-mer.

Lecture faite de l'acte d'accusation, les témoins entendus;

Les jurés se retirent de nouveau pour délibérer.

Rentrés à l'audience, ils font sur les questions soumises à leurs délibérations la déclaration suivante, portant:

1°. Qu'il est constant que depuis le mois de juin 1792, jusqu'au mois de janvier 1793, il y a eu un projet d'établir sous le nom de caisse de commerce, une caisse de commerce dite de Bussy, dont le but apparent étoit de faire revivre la dite caisse qui étoit en faillite,

2°. Qu'il est constant que le but réel du rétablissement de cette caisse étoit de faire des emprunts considérables d'argent, et de préparer par ce moyen le discrédit des assignats en France.

3°. Que François-Auguste-Renaud de Beauvoir, ci-devant comte de M[illegible]u, fils d'un français chargé d'affaires du roi de France auprès de la Porte Ottomane, est convaincu d'être un des principaux agens du rétablissement de la caisse de commerce, et qu'il a été trouvé nanti d'une autorisation signée des freres de Louis Capet.

4°. Que François-Auguste-Renaud de Beauvoir est convaincu d'avoir eu des intentions criminelles et contre-révolutionnaires.

5°. Qu'il est constant que Magdelaine-Françoise-Joséphine Derabec, femme de Pierre-Paul Kolly, a participé sciemment aux manœuvres employées pour le rétablissement de cette caisse.

6°. Que Madeleine-Françoise-Josephine Derabec est convaincue de l'avoir fait dans des intentions criminelles et contre-révolutionnaires.

7°. Qu'il est constant que Pierre-Paul Kolly, ci-devant fermier-général, étoit l'un des coopérateurs et un des principaux intéressés au rétablissement de cette caisse.

8°. Que Pierre-Paul Kolly est convaincu de l'avoir été avec connoissance de cause, et d'avoir eu des intentions criminelles et contre-révolutionnaires.

9°. Qu'il est constant que Jean-Nicolas Bréard, ancien commissaire de marine, natif de Rochefort, département de la Charente, étoit l'un des intéressés au rétablissement de cette caisse.

10°. Que Jean-Nicolas Bréard est convaincu de l'avoir fait dans des intentions criminelles et contre-révolutionnaires.

Le tribunal, vu la déclaration du juré, après avoir entendu l'accusateur public en ses conclusions sur l'application de la loi, y faisant droit, condamne François-Auguste-Renaud de Beauvoir, Madeleine-Françoise-Josephine Derabec, femme Kolly, Pierre-Paul Kolly, et Jean-Nicolas Bréard, à la peine de mort, conformément à l'article IV de la seconde partie du code pénal, dont il a été donné lecture; comme aussi que leurs biens seront et demeureront acquis au profit de la république; ordonne que le présent jugement sera exécuté sur la place de la Réunion de cette ville, imprimé, publié et affiché par-tout où besoin sera.

Avant l'application de la loi, la dame Kolly a demandé la parole pour éclaircir le fait dont elle a entendu parler dans sa lettre du 15 janvier. Elle vient de se rappeler que c'étoit une houpelande qu'elle avoit achetée à Boulogne pour monsieur Beauvoir, la même qu'il a aujourd'hui sur le corps.

Après le prononcé, Beauvoir a dit : » puisque nous sommes condamnés à mort, je demande en grâce que l'on ne nous sépare pas les uns des autres. »

L'exécution de Beauvoir, Kolly et Bréard, a eu lieu samedi 4 du présent mois, vers midi.

A l'égard de la femme Kolly, s'étant déclarée enceinte, il a été sursis à son exécution.

N. B. Le citoyen Dumont, premier juré, faisant sa déclaration sur la 6e. question, relative à la citoyenne Rabec-Kolly, s'est énoncé en ces termes :

» Il est des délits qu'on peut commettre sans avoir des intentions évidement criminelles; mais celui dont il s'agit, doit être rangé dans une autre classe. Pour agir de concert avec les freres du tyran, il falloit avoir mûrement réfléchi sur un pareil projet. Impassible comme la loi, je dois donc oublier que je prononce sur le sort d'une femme, lorsque je vois en elle une conspiratrice. Ma conscience ne me permet pas d'écouter le sentiment de la compassion pour un sexe foible; et je déclare sur mon honneur et ma conscience que l'accusée est convaincue :

Le citoyen Jourdeuil et d'autres jurés opinant sur la même question, ont adopté les motifs de cette déclaration.

OBSERVATION sur *Beauvoir*, *Kolly*, *Bréard* & la femme *Kolly*.

Beauvoir étoit Turc, né à Constantinople, & le tendre soupirant de madame Kolly. Madame Kolly aimoit passionément les beaux jeunes-hommes, & non les vieux époux. Kolly aimoit la fortune, & laissoit caresser sa femme par son digne ami. Bréard, grand spéculateur, se servoit du *trio* pour ses opérations. Un sac à *poudre* dérangea cette union, & escorta ce *quatuor* au tribunal révolutionnaire. Les infâmes princes émigrés n'eurent point d'argent, la caisse de Bussy resta au néant, les trois hommes eurent le cou coupé primitivement; mais la Kolly ne se décida que sept mois après, ayant un petit Beauvoir à mettre au monde.

Audience du mercredi 8 mai 1793.

Affaire de MAUNY *et* BEAULIEU.

Le premier interrogé de ses noms, surnoms, âge, qualités, lieu de naissance, profession et demeure :

A répondu se nommer Jean-François-Vincent Rivier-Mauny, ancien capitaine de dragons et aide-major des suisses du ci-devant comte d'Artois, âgé de 42 ans, demeurant ordinairement à Château-Dun, ou à la Mailleraie, district de Caudebec.

Le second a dit s'appeller Louis-Alexandre Beaulieu, ci-devant négociant, âgé de 36 ans, natif de la ville de Chartres, demeurant ordinairement à Paris.

Lecture faite de l'acte d'accusation, les témoins entendus, les débats terminés, les jurés se sont retirés en leur chambre pour délibérer sur les questions posées par le citoyen président.

Après cinq heures de délibération, les jurés ont rentrés à l'audience.

Avant que les jurés fissent leurs déclarations dans l'affaire de *Rivier-Mauny* et de *Beaulieu*, le citoyen Dumont s'est exprimé en ces termes :

Une calomnie atroce a frappé mes oreille Des accusés paroissent avoir annoncé que leurs or avoit été employé à corrompre les jurés : indigné de cet outrage, je m'empresse de répondre qu'aucunes des personnes qui ont été traduites devant ce tribunal ne m'ont jamais fait faire aucune proposition. Je les aurois rejettées avec indignation, et je connois assez tous mes collègues pour être convaincu que leur conduite eût été la même ; mais il est possible que des intrigans soient parvenus à se procurer de l'argent de la part des accusés ou de leurs parens, en leur persuadant qu'il serviroit à gagner des suffrages, et pour démasquer cette odieuse manœuvre, je crois important de faire une déclaration publique des sentimens qui nous animent. Elle sera moins pour les citoyens qui ont assisté aux audiences de ce tribunal, et ont été témoins de l'impartialité dont nous avons toujours fait preuve, que pour ceux qui, n'ayant été présens à aucuns débats, pourroient être plus susceptibles d'impressions défavorables. Les hommes qui ont eu le courage d'accepter les pénibles fonctions qu'ils remplissent, n'ont pu écouter que l'amour de la patrie ; ils sont inaccessibles à la séduction comme à la crainte. Sauver la république en faisant punir les traîtres, délier les fers des innocens, mériter par l'équité la plus stricte, l'estime de leurs concitoyens : voilà l'unique objet de leurs vœux et la seule récompense qu'ils ambitionnent.

Discours du citoyen Leroy, juré.

Citoyens,

Sur 24 jurés nommés pour composer le tribunal révolutionnaire, onze seulement ont eu le courage, pour sauver la patrie, de s'exposer aux clameurs de la calomnie, ainsi qu'au poison et au fer des assassins. Je suis arrivé ici pur, le cœur brûlant du saint amour de la liberté ; et quelque soit le sort que les ennemis de la révolution me préparent, je ne tromperai point la confiance nationale ; impassible comme la loi, ferme à mon poste, je remplirai mon devoir sans peur ni sans reproche.

Sur les conclusions de l'accusateur-public, le tribunal ordonne que les déclarations que viennent de faire les citoyens jurés, seront inscrites sur ses registres.

Le président procède au recueillement des

opinions des citoyens jurés, duquel il résulte la déclaration suivante.

1° Est il constant que Jacques-François-Vincent Rivier-Mauny, ancien capitaine de Dragons, et plus récemment aide-major de la garde suisse du ci-devant comte d'Artois, ait quitté le territoire de la république pour émigrer en Angleterre dans les mois de septembre, octobre et novembre 1792?

Le citoyen Dumont, premier juré, a énoncé son opinion en ces termes :

On a trop abusé de la facilité avec laquelle s'obtenoient les certificats de résidence, et je n'accorde ma confiance qu'à ceux qui ne sont pas contredits par des faits positifs. La fiction sous laquelle Mauny a essayé d'envelopper les lettres par lui écrites d'Angleterre, m'a paru ridicule et destituée de fondement. J'ai eu devant les yeux, la preuve matérielle de son séjour dans cette isle ; je ne doute pas même que le voyage pitoresque dont il a été fait mention, ne soit son propre ouvrage. Un des motifs qui ont contribué à former ma conviction à cet égard, et dont il n'a pas été question dans le débat, c'est la déclaration, faite par Mauny dans son second interrogatoire à la la section de la Croix-Rouge ; dans le débat ; Mauny forcé de reconnoître l'écriture de sa fille, a avoué que la relation avoit été copiée par elle, et à la section de la Croix-Rouge ; il avoit dit que cette copie étoit de la main d'une maîtresse d'école de Château-Dun, qui écrivoit à tant la feuille.

Le citoyen Sentex. Si je n'avois eu que des certificats de résidence pour fixer mon opinion sur la question proposée, je serois réduit à la nécessité de la former sur la certitude de leur existence. Mais si ces certificats n'étoient ni fideles, ni véridiques, ma conscience, ma bonne foi, seroient exposées à se compromettre à absoudre le crime.

Mais il n'en est pas des moyens de conviction intime pour les jurés comme de ceux de l'ancienne justice française ; celle-ci punissoit souvent l'innocence, la nôtre ne punira jamais que le crime ; et telle est la sublimité de nos fonctions, que les preuves morales nous dirigent souvent plus que les preuves matérielles. Je me déclare dans ce cas pour la question dont il s'agit, et j'ajoute que fondé sur les soupçons, sur l'aveu même formel de Beaulieu de l'absence de Mauny, fondé sur les invitations faites à l'accusé Beaulieu par l'accusé Mauny, de lui procurer des certificats de résidence, fondé sur les expressions emblématiques des lettres de l'accusé Mauny, fondé enfin sur le défaut volontaire et perfide de dates, de signatures de ces lettres, que Mauny a avouées être les siennes, je déclare que j'ai ma conviction intime que ledit Mauny a émigré en septembre, octobre novembre 1793.

Le président reçoit la déclaration des jurés sur les seconde et troisième questions.

2°. Qu'il est constant que ledit Rivier-Mauny soit rentré sur le territoire de la république dans le courant du mois de novembre ou de décembre dernier.

3°. Qu'il est constant que Jean-Vincent Rivier-Mauny ait habituellement entretenu des correspondances avec des émigrés français, et notamment avec Olivier Fontaine son beau-frere, désigné sous le nom d'Orlof, jeune russe, ainsi qu'avec un autre désigné tantôt sous le nom de Lamontagne, tantôt sous celui de Saint-Charles.

Le citoyen Dumont, formant sa déclaration sur cette question, l'a ainsi motivée :

Mauny a déclaré dans son troisieme interrogatoire, à la section de la Croix-Rouge, que S. *Charles*, auquel il a fait passer de l'argent à Hambourg, étoit un prêtre nommé *Courtoimon*; dans le débat, ce nom n'a plus reparu, et le prétendu prêtre S. Charles parle dans une lettre par lui écrite le 12 décembre 1792, au citoyen Dutille, de *Mauny-Montagne son frere aîné*, ce qui ne me permet pas de douter que *S. Charles* et *la Montagne* ne soient deux individus, et les deux freres de Mauny, dont l'émigration a été par lui avouée. Je déclare en conséquence que le fait est constant.

4°. Qu'il est constant qu'il leur a à différentes époques, procuré et fait passer à Liége à Londres et à Hambourg, par la voie d'un intermédiaire, notamment au mois de novembre 1792, et à deux dates du mois de février 1793, des fonds et secours en argent, jusqu'a concurrence de 7 mille huit cens l.

5°. Qu'il est constant que Rivier-Mauny ait fait des tentatives pour procurer audit Orlof la facilité de rentrer en France, à l'aide de certificats de résidence, et qu'il indiquoit le moyens d'obtenir.

Déclaration du citoyen Sentex.

Si Beaulieu n'avoit fait que les achats divers d'argent, indiqués dans les débats, dans les pieces inhérentes au procès, si après ces mêmes achats, il n'avoit fait que les déposer chez différens banquiers, je pourrois le regarder comme simple courtier. Je pourrois me borner à le compter au nombre de ceux qui protégés par la loi, ont le plus concouru au renchérissement de tout ce qui est le plus nécessaire à la vie; mais il a fait des achats d'argent à des époques différentes; ces achats lui ont été indiqués par des lettres de Mauny, dans des expressions emblématiques dont il a indiqué la signification. Il a fait toutes les affaires de Mauny, devant et durant son émigration, il a été en correspondance avec lui, a fait passer des fonds aux personnes émigrées, et parentes de Mauny, que ce dernier lui indiquoit; il a enfin avoué l'absence de Mauny; tant de motifs me le font regarder comme son complice, & je déclare que conjointement avec Mauny, il a fait passer des secours à des émigrés.

6°. Qu'il est constant que Louis-Alexandre Beaulieu, négociant de cette ville, ait, de concert avec ledit Rivier-Mauny, entretenu avec lesdits émigrés une correspondance suivie en 1792 & au commencement de 1793, qu'il leur ait même envoyé les sommes précédemment énoncées.

7°. Louis-Alexandre Beaulieu l'a-t-il fait avec des intentions criminelles & contre-révolutionnaires ?

Le citoyen Dumont a motivé ainsi son opinion sur cette question.

Je ne crois pas que la sensibilité, qui porte à donner des secours à des parens émigrés, puisse former une exception aux dispositions prohibitives des loix, qui interdisent indéfiniment la faculté de faire parvenir de l'argent aux émigrés. Je suis convaincu que Beaulieu, parent de Mauny, avoit connoissance de l'émigration des deux freres & du beau-frere de ce dernier. Il étoit dans la confidence de la véritable destination des sommes par lui envoyées, & je ne peux que lui attribuer des intentions criminelles, puisqu'elles sont contraires à la loi. La déclaration des autres jurés a été la même.

Le citoyen Duplain, autre juré, l'a motivée ainsi :

Tout homme qui dans un tems de révolution où chaque individu doit l'usage de tous ses moyens à la chose publique, s'isole & préfere son intérêt particulier à l'intérêt général, spécule sur les fonds publics, dans la vue de s'enrichir aux dépens de cette même chose publique, doit être regardé comme un mauvais citoyen et traité comme un contre-révolutionnaire.

Le président ordonne à la gendarmerie de faire entrer les accusés. Mauny entre le premier, tenant à la main un papier ployé, qu'il remet au citoyen président; celui-ci en ordonne la lecture.

Le greffier y procéde ainsi qu'il suit:

Décret de la convention nationale du 9 mai 1793.

La convention nationale décrete le renvoi pur et simple pardevant le tribunal extraordinaire de la demande qui lui est faite par une jeune personne, d'accorder un délai de suspension à l'instruction du procès que son pere subit en ce moment pardevant ledit tribunal: la pétitionnaire motive sa demande sur ce qu'un pareil délai a été accordé aux généraux, etc.

Après cette lecture, le président observe à l'accusé Mauny, que le tribunal ne connoît de piéces officielles que celles qui lui sont transmises par le ministre de la justice; que néanmoins le tribunal va en délibérer; on fait retirer les accusés.

Sur le réquisitoire de l'accusateur-public, le tribunal déclare qu'il ne peut accorder de délai.

Le tribunal, d'après la déclaration des jurés, faisant droit sur les conclusions de l'accusateur public, condamne Jacques-François Rivier-Mauny et Louis-Alexandre Beaulieu, à la peine de mort; et ce conformément à la loi des 23 octobre et 26 novembre 1792, et à l'article IV du titre premier de la seconde partie du code pénal, dont il a été donné lecture; ordonne que leurs biens, si aucuns ils ont, seront acquis et confisqués au profit de la république, suivant l'article ... de la loi du 10 mars dernier; que le présent jugement sera, à la requête et diligence de l'accusateur public, exécuté sur la place de la réunion de cette ville, imprimé, publié et affiché par-tout où besoin sera, jusqu'à la concurrence de douze cents exemplaires, dans l'étendue de la république.

Après l'application de la loi, Mauny a dit: Citoyens, je dois mourir demain; j'atteste devant dieu et le peuple qui est mon souverain, que je meurs innocent des faits pour lesquels je suis condamné;

L'exécution a eu lieu vendredi 10 mai, vers onze heures du matin.

OBSERVATION sur *Mauny & Baulieu.*

Mauny, aide-major des Suisses d'Artois, & Baulieu, négociant, ami de *Mauny*, payèrent de leur tête leur tendre attachement pour les princes éclipsés: il faut avoir bien de l'amour pour des scélérats traitres à leur patrie, pour leur envoyer le numéraire de la république, et se dépouiller, pour être utile aux ennemis de son pays; il faut avoir bien de la scélératesse & de l'espoir. La postérité n'apprendra qu'avec horreur, que des français ayent prêté leur avoir à des vagabonds errans qui ne leur en assurent la rentrée que sur l'échafaud.

Audience du vendredi 17 mai 1793.

Affaire du général MIACZINSKI.

Interrogé de ses noms, surnoms, âge, qualités, lieu de naissance et demeure:

A répondu se nommer Joseph Miaczinski, âgé de 42 ans, général de brigade des armées de la république, polonais de naissance, demeurant ordinairement à l'armée.

Lecture faite de l'acte d'accusation, Fouquier-Tinville, accusateur public, est entendu en son résumé.

Julienne, défenseur officieux, en sa plaidoierie.

Le président analyse les faits et charges, et pose les questions sur lesquelles les jurés, après en avoir délibéré, ont fait à l'unanimité, la déclaration suivante, portant :

1°. Qu'il est constant que le premier avril, 1793, le général Dumourier écrivit des bains de S. Amand, une lettre adressée au général Miaczinski, à Orchies, sur laquelle il lui mande, entr'autre chose, qu'il a fait arrêter les quatre commissaires de la convention nationale et le ministre de la guerre, et dans laquelle il lui ordonne de se mettre en marche à la pointe du jour, de marcher sur Lille, d'y entrer avec une partie de ses troupes, d'aller trouver Duval, de lui montrer sa lettre, *de lui annoncer qu'il falloit arrêter les commissaires de la convention*, s'ils n'étoient pas partis, de les conduire à Orchies, de s'emparer de la ville, du trésor, etc.; et finissant par ces mots : « je vous embrasse, mon cher Miaczinscki, et je compte sur vous et sur vos troupes, pour le salut de la France. »

2°. Qu'il est constant que le lendemain

avril, Joseph Miaczinski, général de brigade des armées de la république, né en Pologne, en répondant à la lettre de Dumourier, lui a écrit qu'il n'avoit reçu sa lettre qu'à huit heures du matin, tandis qu'il devoit la recevoir la nuit; qu'il l'embrassoit et l'aimoit plus, s'il le pouvoit, pour le parti vigoureux qu'il avoit pris; qu'il répond de ses troupes; qu'il s'est mis en marche à neuf heures pour Lille; qu'il exécuteroit ses ordres ou qu'il périroit.

3°. Qu'il est constant que Joseph Miaczinski a exécuté l'ordre de Dumourier, en se portant sur Lille avec sa division.

4°. Qu'il est constant que Joseph Miaczinski a commandé et exécuté cet ordre avec des intentions criminelles et contre-révolutionnaires.

Le tribunal, après avoir entendu l'accusateur public, ensemble la lecture de la loi du 4 décembre dernier, et celle de l'article 4 du titre premier de la deuxieme partie du code pénal, condamne Joseph Miaczinski à la peine de mort, conformément auxdites loix; ordonne que ses biens, si aucuns il a, seront acquis et confisqués au profit de la république, et que le présent jugement sera exécuté sur la place de la réunion de cette ville.

Après le prononcé du jugement, Miaczinski s'est levé brusquement, et a dit :

« Citoyens jurés, citoyens juges, vous venez de condamner à la mort un innocent; vous faites assassiner celui qui a répandu son sang pour la république; je marcherai à l'échafaud avec le même sang-froid que vous me voyez à présent: puisse mon sang consolider (se tournant vers l'auditoire) le bonheur du peuple souverain. »

Samedi 18, tout étant prêt pour l'exécution, Miaczinski a manifesté le désir de déclarer des faits importans pour le salut de la république, et a écrit au président de la convention nationale, la lettre suivante :

« Citoyen président, je l'ai dit, je le répete, je ne trempai jamais dans les complots de Dumourier ; mais j'étois assez avant dans son intimité pour avoir eu toute sa confiance, et pour connoître toutes ses pensées; j'ose avant de mourir, demander à la convention la permission de lui transmettre les choses les plus importantes pour les succès des armes de la république, et dont elle peut retirer les plus grands avantages. Je demande un sursis de trois jours, et trois jours de vie ne sont pas une grâce : ce sera au contraire un supplice nouveau, que je souffrirai volontiers pour les intérêts de la république. *Signé* MIACZINSKI.

On a demandé d'un côté le renvoi de cette lettre au tribunal révolutionnaire; d'un autre côté on a observé que le tribunal révolutionnaire n'est pas assemblé, et que la convention devoit nommer deux commissaires pour entendre la déclaration du condamné.

Un membre a en conséquence demandé, et la convention a décrété qu'il sera nommé deux commissaires pris dans son sein, qui se transporteront avec l'accusateur public vers le condamné, pour entendre ses déclarations, et en faire ensuite leur rapport à la convention, qui décidera, s'il y a lieu à accorder un sursis.

Sur la proposition de Cambon, qui a rendu compte du résultat de la démarche des commissaires Drouet et Rouset, nommés par la convention nationale pour recevoir les déclarations de Miaczinski, la convention a décrété qu'il seroit sursis à l'exécution du jugement.

Vers les six heures du soir, les huissiers du tribunal ont fait part au peuple rassemblé sur la place de la révolution, dans les cours du palais, du décret qui venoit d'être rendu.

Les commissaires nommés par la convention nationale, pour recevoir les déclarations de Miaczinski, se sont transportés pendant trois fois à la conciergerie. On s'est apperçu aisément que le condamné cherchoit à prolonger ses jours par des déclarations insignifiantes; les personnes inculpées se sont présentées, et l'un d'eux, le citoyen Lacroix, lui ayant été confronté, il n'a plus osé soutenir la dénonciation qu'il avoit faite contre ce citoyen; au contraire, il a continuellement divagué, et a même dit que sa lettre à la convention n'étoit pas de lui.

Sur le compte rendu à la convention nationale, par les commissaires Drouet et Rouset, il a été décrété dans la séance du 21 mai, que le sursis à l'égard de Miaczinski, étoit levé.

En conséquence, le lendemain 22, vers midi, Miaczinski a été exécuté. Il a montré le long de la route, le plus grand courage, en criant dans plusieurs endroits: *vive la nation, vive la république.*

Observation sur *Miakzinski.*

Un lâche, né dans le sein de la Pologne, commença sa carriere par l'escroquerie, la scélératesse, le vol & l'inceste. *Miakzinski* criblé de dettes, chimé de débauches, noyé d'excès, extorqua subtilement une partie de la fortune d'un sien frere, après avoir souillé son lit. Traitre envers son pays, pouvoit-il ne pas l'être à l'égard de la république française? ce vieux sybarite s'enivra de *punch* avant d'aller au supplice, & l'on envisageoit dans le cortége qui l'accompagnoit, l'indignation, l'horreur & le mépris.

Audience du mercredi 22 mai 1793.

Affaire de DEVAUX.

Interrogé de ses noms, surnoms, âge, qualités, lieu de naissance et demeure:

A répondu se nommer Philippe Devaux, âgé de trente-deux ans, colonel-adjudant-général des armées de la république, natif de Bruxelles, demeurant ordinairement à Nantes.

Lecture faite de l'acte d'accusation, les témoins entendus, l'accusateur public entre dans les détails des faits qui font le sujet du procès-verbal.

Tronçon Ducoudrai, défenseur-officieux de l'accusé, est entendu en sa plaidoierie.

Le président résume les délits imputés à l'accusé, en quatre questions, sur lesquelles les jurés, après en avoir délibéré, ont fait la déclaration suivante portant:

1°. Qu'il est constant que le 4 avril 1793,

Philippe Devaux, originaire de Bruxelles et habitant de Nantes, colonel-adjudant-général des armées de la république, a reçu aux bains de S. Amand, l'ordre de Dumourier de se transporter au camp sous Lille, à l'effet d'y prendre le commandement des troupes ci-devant commandées par Miaczinski, et de les faire partir sur-le-champ.

2°. Que Philippe Devaux savoit alors que Dumourier avoit fait arrêter les commissaires de la convention nationale et le ministre de la guerre.

3°. Que Devaux est venu le 4 avril dernier, au camp de la Madeleine, en exécution des ordres de Dumourier.

4°. Que Philippe Devaux l'a fait avec des intentions criminelles et contre-révolutionnaires.

Le tribunal après avoir entendu l'accusateur public sur l'application de la loi, condamne ledit Philippe Devaux à la peine de mort; conformément à l'article IV, du titre premier de la seconde partie du code pénal.

Ordonne que, conformément à l'article 2 du titre II de la loi du dix mars dernier, les biens appartenans audit Philippe Devaux si aucuns il a, seront confisqués au profit de la république, et que le présent jugement sera, à la diligence de l'accusateur public, exécuté sur la place de la réunion de cette ville.

Après le prononcé, Devaux a dit : « Citoyens juges et jurés, vous venez d'envoyer froidement à la mort un innocent, contre lequel il n'y a que de légers soupçons. Telle est votre volonté, j'y marcherai avec sang-froid et avec courage. J'ai vécu en homme de bien, et saurai mourir de même. (Se tournant vers l'auditoire) Et vous, peuple ; mon sang a coulé pour vous dans les combats, il n'auroit pas du y couler encore, et ne pas être répandu sur l'échafaud ».

L'exécution a eu lieu jeudi 23 mai, vers les onze heures du matin.

Observation sur *Devaux*.

Un infame agent de *Dumourier*, Philippe *Devaux* paroît ici dans le rang des justement suppliciés pour la cause commune, le salut du peuple, malgré ses fleurs de rhétorique, à l'époque de sa condamnation, malgré ses apostrophes au peuple. Le peuple applaudit à son jugement, & l'accompagna sur le fatal théâtre où les conspirateurs terminent leur exécrable carriere, en regrettant de n'y pas voir le *général* avec *l'adjudant* : la tête du premier nous échappa mais ésperons qu'un jour il donnera tête

baissée

baissée dans les filets que le patriotisme tend de toutes parts à l'infâme trahison & à la persécutante aristocratie.

Audience du mardi 4 juin 1793.

Affaire de Joseph-Gabriel-François DELAMOTTE-LA-GUIOMARAIS, *et autres*, *au nombre de vingt-huit, prévenus d'avoir coopéré, sous la direction des freres du ci-devant roi, des émigrés et des puissances coalisées, à la formation et exécution d'un plan de conspiration contre la République, dans la ci-devant province de Bretagne; ladite conspiration connue sous le nom de* LA ROUERIE.

Les témoins entendus, les débats terminés; l'accusateur public est entendu en son résumé.

On entend successivement en leurs plaidoiries les citoyens Tronçon-du-Coudrai, Cheauveau, Jullienne et Villain *de Paris*, Labezardel et Pollet, *de Rennes*, défenseurs et conseils des accusés.

Le président pose les questions, les jurés se retirent.

Il est sept heures du soir, dix-sept juin 1793.

Les jurés, après avoir demeuré douze heures

aux opinions, rentrent à l'audience, et font leur déclaration, d'après laquelle le tribunal rend le jugement suivant :

Le tribunal, vu la déclaration du jury, portant :

1. Qu'il est constant que depuis l'année 1791, il a existé dans la ci-devant province de Bretagne, une conspiration dont le ci-devant marquis de la Rouerie étoit le chef, sous l'approbation et l'autorisation des freres du ci-devant roi.

2. Que Joseph-Gabriel-François de la Motte la Guiomarais, ci-devant gentilhomme breton, est convaincu d'avoir été complice de ladite conspiration.

3. Que Marie-Jeanne Micault, femme la Guiomarais, est convaincue d'avoir été complice de la conspiration.

4. Qu'Amaury de la Motte la Guiomarais fils, n'est point convaincu d'avoir été l'un des complices de la conspiration.

5. Que Casimir de la Motte la Guiomarais fils, n'est point convaincu d'avoir été l'un des complices de la conspiration.

6. Que François Perrin, jardinier à la Guiomarais, n'est point convaincu d'avoir été agent ni complice de la conspiration.

7. Qu'Elie-Victor-Alexandre Thébault dit la Chauvenai, instituteur, est convaincu d'avoir été complice de la conspiration.

8. Que Julien David, domestique de la Guiomarais, n'est point convaincu d'avoir été agent ni complice de la conspiration.

9. Que J. B. Morel, chirurgien, n'est point convaincu d'avoir été agent ni complice de la conspiration.

10. Que Charles-Alexis Taburel, médecin, n'est point convaincu d'avoir été complice de la conspiration.

11. Que Joseph-Marie le Masson, aussi chirurgien, n'est point convaincu d'avoir été complice de la conspiration.

12. Que Michel-Julien-Alain Picot-Limoëlan, ci-devant gentilhomme, est convaincu d'avoir été complice de la conspiration.

13. Qu'Angelique-Françoise Desilles, femme de Jean-Roland Desclus la Fauchais, est convaincue d'être complice de la conspiration.

14. Que Jeanne-Julie-Michelle Desilles, veuve d'Henry-Augustin Dufrêne de Virel, n'est point convaincue d'avoir été complice de la conspiration.

15. Que Marie-Thérese Desilles, femme de Louis-François Fournier Dalleyrac, est

point convaincue d'avoir été complice de la conspiration.

16. Que Guillaume-Morin Delaunay, ci-devant lieutenant général d'amirauté, est convaincu d'avoir été complice de la conspiration.

17. Que Felix-Victor Locquet-de-Grandville, ci-devant gentilhomme, est convaincu d'avoir été complice de la conspiration.

18. Que Nicolas-Bernard Grout de la Motte, ci-devant capitaine de vaisseaux dits du roi, et aujourd'hui de la république, est convaincu d'avoir été complice de la conspiration.

19. Que Louis-Nicolas Thomezau pere, marchand clincailler à S. Malo, n'est point convaincu d'avoir été agent ni complice de la conspiration.

20. Que Thérese Moëlien de Fougéres, fille de Moëlien, conseiller au ci-devant parlement de Bretagne, est convaincue d'avoir été complice de la conspiration.

21. Que J. B. Georges Fontevieux, dit le Petit, ci-devant officier au régiment de chasseurs de Gévaudan, est convaincu d'avoir été complice de la conspiration.

22. Que Louis-Anne Pontavice, ci-devant officier au régiment d'Armagnac, et gentil-

homme bréton, est convaincu d'avoir été complice de la conspiration.

23. Que Georges-Julien-Jean Vincent, courtier et interprete de la langue angloise à S. Malo, est convaincu d'avoir été complice de la conspiration.

24. Que Mathurin Micault-Minville, homme de loi, n'est point convaincu.

25. Que Frédéric Joseph César de la Vigne-Dampierre, ci-devant gentilhomme breton, n'est point convaincu d'avoir été complice de la conspiration.

26. Que Pierre le Petit, perruquier, n'est point convaincu.

27. Que Toussaint Briot pere, n'est point convaincu.

28. Que Jean-Guillaume Briot fils, n'est point convaincu.

29. Que François Perrin, jardinier, est convaincu d'avoir coopéré à l'inhumation clandestine du cadavre du ci-devant marquis de la Rouerie, à la Guiomarais.

30. Qu'il l'a fait avec des intentions criminelles et contre-révolutionnaires.

31. Que Joseph-Marie le Masson, chirurgien, est convaincu d'avoir coopéré à empêcher la reconnoissance du cadavre, en y fai-

sant des incisions propres à en accélérer la dissolution.

30. Qu'il l'a fait avec des intentions criminelles et contre-révolutionnaires.

Le tribunal, après avoir entendu l'accusateur public sur l'application de la loi, condamne les ci-dessus dénommés convaincus, à la peine de mort, conformément à l'article 2, deuxieme section, titre premier de la seconde partie du code pénal, dont il a été fait lecture, laquelle est ainsi conçue :

« Toute conspiration et complots tendans
» à troubler l'état par une guerre civile, en
« armant les citoyens les uns contre les autres,
» ou contre l'exercice de l'autorité légitime,
» seront punis de mort. »

Condamne François Perrin et Joseph-Marie le Masson, à la peine de la déportation à perpétuité à la Guyanne française, conformément à l'article... de la loi du... 1793, dont il a été donné lecture; ordonne que leurs biens, si aucuns ils ont, seront acquis et confisqués au profit de la république, conformément à l'article II du titre II de la loi du dix mars dernier; comme aussi que le présent jugement sera, à la diligence de l'accusateur public, exécuté sur la place de la révolution de cette ville, et qu'il sera imprimé, publié et affiché dans toute l'étendue de la république.

Acquitte de l'accusation Amaury la Motte la Guiomarais fils, Casimir la Motte la Guiomarais fils, Julien-David, domestique de la Guiomarais, Charles-Alexis Taburel, médecin, J. B. Morel, chirurgien, Jeanne-Julie-Michelle Desilles, veuve d'Henri-Augustin Dufrêne Virel, Marie-Thérese Desilles, femme de Louis-François Fournier-Dalleyrac, Louis-Nicolas Thomazeau, marchand clincailler à S. Malo, Mathurin-Laurent Micault, homme de loi, Frédéric-Joseph César de la Vigne-Dampierre, Pierre le Petit, Toussaint Briot pere, et Jean-Guillaume Briot fils.

Fait au tribunal, le dix-huit juin 1793, l'an deuxiéme de la république, une et indivisible.

Ce jugement a été rendu et exécuté le même jour, vers les deux heures et demie de l'après-midi; l'exécution n'a duré que 13 minutes.

A une heure et demie, il s'est présenté, selon l'usage, douze prêtres pour les accompagner; les condamnés ont rejetté leurs propositions, ne voulant pas avoir affaire, disoient-ils, à des intrus.

Tous les condamnés sont convenus devant les huissiers du tribunal, une heure avant l'exécution, qu'ils avoient été bien jugés, et qu'ils méritoient la mort.

En sortant de la conciergerie, la dame de la Guiomarais et plusieurs autres, ont crié : *vive le roi.* Le long de la route, ils ont montré beaucoup de fermeté. Arrivés au pied de l'échafaud, ils se sont tous embrassés ; c'est Pontavice qui est mort le dernier.

Le même jour, vers les six heures, les treize accusés qui avoient été acquittés par le tribunal, ont été transferés et déposés, par ordre du comité de sûreté générale, à Sainte-Pélagie.

OBSERVATION sur *la Guiomarais & compagnie, rebelles fanatiques de la Bretagne.*

Des scélérats qu'on appelloit prêtres catholiques, apostoliques & romains, semérent la division & la guerre intestine de la Bretagne, au nom du *crucifie*, qui déja fit tant immoler de victimes. Sans pudeur, sans raison, uniquement guidé par la rage, ils enchainérent leurs victimes avec le lien imposant de l'étole. Le *Nazaréen* à la main, ils crioient à ces monstres égarés : *voilà le dieu des armées*, suivez son oriflâme. *La Guiomarais* marcha sous cette funeste banniére ; lui & onze des siens eurent la palme de la *guillotine.* Frémissez-vous, coupables &

trop vils imitateurs ? le même sort vous attend, & la résurrection viendra quand elle pourra.

Audience du mardi 11 juin 1793.

Affaire de BÉGUINET.

Interpellé de déclarer ses noms, surnoms, âge, qualités, lieu de naissance et demeure :

A répondu se nommer Louis Béguinet, être âgé de 37 ans, tapissier, natif de Paris, et y demeurant, rue de la Sonnerie.

Le greffier donne lecture de l'acte d'accusation.

Les témoins entendus, et après que l'accusateur public et le défenseur de l'accusé ont été entendus, le président a posé les questions suivantes :

1°. Louis Béguinet, tapissier, originaire de la ville de Paris, demeurant dernièrement sur la section du Muséum, et enrôlé dans la seconde compagnie de cette section, pour aller combattre les révoltés de la Vendée, s'est-il trouvé le 15 mai dernier, à dîner, chez un marchand de vin, au coin des rues des Frondeurs et d'Argenteuil, avec trois volontaires de ladite section ?

La déclaration du jury est que le fait est constant.

2°. Louis Béguinet, dès le commencement de ce dîner, est-il entré en conversation avec ses convives, sur l'état des affaires publiques, pour leur dire d'abord qu'il n'avoit jamais monté de garde, ni payé pour en monter, et ensuite qu'il passoit pour aristocrate dans la maison où il demeuroit, et que c'étoit pour démentir ce bruit qu'il s'étoit enrôlé pour la Vendée?

La déclaration du jury est que le fait est constant.

3°. Louis Béguinet a-t-il dit encore, que son pere avoit été député à l'assemblée législative, et qu'à la reddition de Verdun, son pere fut nommé commissaire; mais qu'au lieu de remplir sa mission, il émigra; et de suite, que sondit pere étoit auparavant agent-de-change à Paris, et faisoit en cette qualité, passer de l'argent aux émigrés; que pour cacher ces envois, il mettoit l'or et l'argent dans de petits barils qu'il renfermoit dans de grands tonneaux de vin blanc ou d'eau-de-vie, ce dont lui Béguinet avoit été témoin oculaire, et qu'actuellement sondit pere étoit parmi les révoltés de la Vendée? a-t-il enfin ajouté qu'il lui étoit dû personnellement à lui, Louis Béguinet, une somme de cent seize mille livres de la part du ci-devant comte d'Artois?

La déclaration du jury est que le fait est constant.

4°. Louis Béguinet a-t-il encore ajouté à ses trois camarades, avec lesquels il dînoit : je crois que vous êtes trois bons garçons; et que sur leur réponse affirmative, puisqu'ils s'étoient enrôlés pour servir la patrie, il leur répliqua que son plus grand plaisir seroit de voir son pere, et que s'ils vouloient suivre son conseil et passer du côté des révoltés, leur fortune seroit faite ?

La déclaration du jury est que le fait est constant.

5°. Louis Béguinet a-t-il tenu tous ces propos avec des intentions contre-révolutionnaires et tendantes à dèbaucher les soldats enrôlés pour le service de la république?

La déclaration du jury est que l'accusé est convaincu.

Le tribunal, d'après la déclaration du jury, faisant droit sur les conclusions de l'accusateur public, condamne Louis Béguinet à la peine de mort, et ce, conformément à l'art. IV, du titre premier de la seconde partie du code pénal. Ordonne que les biens dudit Béguinet, si aucuns il a, seront acquis et confisqués au profit de la république ; et que le présent jugement sera exécuté sur la place de la révolution.

L'exécution a eu lieu le même jour, vers les neuf heures du soir.

Affaire des vingt-six prévenus de l'assassinat de LÉONARD BOURDON, *député du département du Loiret, à la convention nationale.*

Lecture faite de l'acte d'accusation, les témoins entendus, l'accusateur public ayant analysé le résultat des débats, le citoyen Tronçon-Duccudray, Chauveau et Julienne, défenseurs des accusés, ont été entendus en leurs plaidoieries, après lesquelles le président a posé les questions sur lesquelles les jurés ont à prononcer; ceux-ci, après avoir resté cinq heures aux opinions, ont fait la déclaration suivante :

1. Qu'il est constant que dans la nuit du 16 au 17 mars dernier, Léonard Bourdon, député à la convention nationale, a été attaqué et frappé dans la cour de la maison commune de la ville d'Orléans.

2. Que cette attaque a été le résultat d'un complot.

3. Que François-Benoît Couët, est convaincu d'avoir participé à ce complot.

4. Qu'il l'a fait avec des intentions criminelles et contre-révolutionnaires.

5. Que Joseph-Hypolite-Adrien Buissot, est convaincu d'avoir participé à ce complot.

6. Qu'il l'a fait avec des intentions criminelles et contre-révolutionnaires.

7. Que Jean-Henry Gellet-Duvivier, est convaincu d'avoir participé à ce complot.

8. Qu'il l'a fait avec des intentions criminelles et contre-révolutionnaires.

9. Que Germain Grenou n'est point convaincu d'avoir participé à ce complot.

10. Que Jacques-Nicolas Jacquet est convaincu d'avoir participé à ce complot.

11. Qu'il l'a fait avec des intentions criminelles et contre-révolutionnaires.

12. Que Charles Johanneton n'est point convaincu d'avoir participé à ce complot.

13. Que Jean-Baptiste Poussot est convaincu d'avoir participé à ce complot.

14. Qu'il l'a fait avec des intentions criminelles et contre-révolutionnaires.

15. Que Jean-Baptiste Quesnel est convaincu d'avoir participé à ce complot.

16. Qu'il l'a fait avec des intentions crimi-

minelles et contre-révolutionnaires;

17. Que Charles-Philippe Nonneville est convaincu d'avoir participé à ce complot.

18. Qu'il l'a fait avec des intentions criminelles et contre-révolutionnaires.

19. Que Pierre-Augustin Tassin-Montcourt est convaincu d'avoir participé à ce complot.

20. Qu'il l'a fait avec des intentions criminelles et contre-révolutionnaires.

21. Que Louis Thomain n'est point convaincu.

22. Que Pierre-Etienne Combault n'est point convaincu d'avoir prévariqué dans ses fonctions.

23. Que Jacques Broue de la Salle est convaincu.

24. Qu'il l'a fait avec des intentions criminelles et contre-révolutionnaires.

Le tribunal, d'après la dèclaration du juré, faisant droit sur les conclusions de l'accusateur public,

Condamne François-Benoît Couët, Joseph-Hypolite-Adrien Buissot, Jean-Henri Gellet Duvivier, Jacques-Nicolas Jacquet, Jean-Baptiste Poussot, Jean-Baptiste Quesnel, Charles Philippe Nonneville, Pierre-Augustin-Charles Tassin-Montcourt et Jacques Broue de la Salle, à la peine de mort; ordonne que conformément à la loi dont il a été donné lecture, leurs biens demeureront acquis et confisqués au profit de la république, et que le présent jugement sera exécuté sur la place de la révolution de cette ville, imprimé et affiché par-tout où besoin sera.

Et en ce qui concerne Charles Johanneton, Germain Grenou, Pierre-Etienne Gombault et Louis Thomain, les déclare acquittés de l'accusation contr'eux intentée, à la requête de l'accusateur public; ordonne qu'ils seront mis en liberté.

Après que le président a eu communiqué aux neuf premiers accusés, la déclaration du juré, et que l'accusateur public a eu requis contr'eux l'application de la loi, ils se sont jettés à genoux, en criant qu'ils avoient été trompés, et qu'ils étoient innocens, etc. Ce spectacle a empêché les juges de prononcer; s'étant retirés, ils sont rentrés au bout d'un quart-d'heure à l'audience. Le président a rappelé à l'auditoire que la loi veut que les jugemens soient prononcés en présence des accusés; mais attendu ce qui venoit d'arriver, on ne les feroit revenir à l'audience que pour leur annoncer qu'ils sont jugés. Le public a paru satisfait de cette explication.

Ce jugement a été rendu vendredi 12 juillet 1793, à quatre heures du soir.

États & âges des condamnés.

Benoît Couët, agent de change, est âgé de 50 ans.

Buissot, marchand, 25.

Gellet-Duvivier, marchand de bas, 39.

Jacquet, vivant de ses revenus, 25.

Poussot, recruteur, vivant de ses revenus, 42.

Quesnel, musicien, 38.

Nonneville, vivant de ses revenus, 30.

Tassin-Montcourt, propriétaire, 33.

Broue de la Salle, blanchisseur de cire, 43 ans.

OBSERVATION sur les assassins de *Bourdon de l'Oise.*

Des infâmes conspirateurs trament la perte d'un député patriote; mais leur rage devient impuissante, & Léonard Bourdon échappé à leurs coups meurtriers, reparoît à la tribune nationale, encore couvert de sang & criblé de blessures. Ce sang si cher au peuple, provoque sa vengeance, & le peuple souverain la demande à grands cris : l'échafaud se dresse, & *Couët*, *Buissot*, *Duvivier*, *Jacquet*, *Poussot*, *Quesnel*, *Nonneville*, *Montcourt* & *Delasalle* y sont traînés. Bientôt leurs têtes tombent sous la hache patriote; mais nous ne sommes pas entiérement vengés.

gés. Serrons-nous auprès de la montagne, & que nos corps lui servent de rempart.

Audience du mercredi 17 juillet 1793.

Affaire de Marie-Anne-Charlotte Corday, *ci-devant d'*ARMANS, *prévenue d'assassinat en la personne de* MARAT, *député à la convention nationale.*

Interrogée de ses noms, surnoms, âge, qualités, lieu de naissance et demeure :

A répondu se nommer Marie-Anne-Charlotte Corday, ci-devant d'Armans, native de la paroisse Saint-Saturnin des Lignerets, âgée de 25 ans, vivant de ses revenus, demeurant ordinairement à Caen, département du Calvados, et logée, depuis son arrivée à Paris, rue des Vieux-Augustins, hôtel de la Providence.

Un des greffiers donne lecture de l'acte d'accusation :

Les témoins entendus, l'accusateur public résume en peu de mots les débats; après quoi, le citoyen Chauveau que le tribunal avoit invité, au commencement de l'audience, à défendre l'accusée, attendu que l'on n'avoit pu parvenir à découvrir l'adresse de celui qu'elle avoit demandé, a prononcé le discours suivant :

« L'accusée avoue avec sang-froid, l'horrible attentat qu'elle a commis ; elle en avoue avec sang-froid, la longue préméditation, elle en avoue les circonstances les plus affreuses : en un mot, elle avoue tout et ne cherche pas même à se justifier. Voilà, citoyens jurés, sa défense toute entière. Ce calme imperturbable et cette entière abnégation de soi-même qui n'annoncent aucuns remords, et pour ainsi dire en présence de la mort même ; ce calme et cette abnégation sublimes sous un rapport, ne sont pas dans la nature ; ils ne peuvent s'expliquer que par l'exaltation du fanatisme politique qui lui a mis le poignard à la main. Et c'est à vous, citoyens jurés, à juger de quel poids doit être cette considération morale, dans la balance de la justice : je m'en rapporte à votre prudence. »

L'accusée a entendu avec le plus grand sang-froid, prononcer le jugement suivant.

Le tribunal, d'après la déclaration unanime des jurés, portant : 1°. Qu'il est constant que le 13 du présent mois de juillet, entre les sept et huit heures du soir, Jean-Paul Marat, député à la convention nationale, a été assassiné chez lui dans son bain, d'un coup de couteau dans le sein, duquel coup il est décédé à l'instant.

2°. Que Marie-Anne-Charlotte Corday, ci-devant d'Armans, âgée de 25 ans, fille de Jacques-François Corday, ci-devant d'Armans, ex-noble, elle habitante de Caen, département du Calvados, est l'auteur de cet assassinat.

3°. Qu'elle l'a fait avec préméditation et des intentions criminelles et contre-révolutionnaires.

Condamne Marie-Anne-Charlotte Corday, ci-devant d'Armans, à la peine de mort; que le présent jugement sera, à la diligence de l'accusateur public, mis à exécution sur la place de la révolution de cette ville, imprimé et affiché dans toute l'étendue de la république.

L'exécution a eu lieu mercredi 17 du présent mois, vers les sept heures et demie du soir.

OBSERVATION sur *Charlotte Corday.*

Marat n'est plus; nous le pleurons tous les jours; & nos larmes verseront éternellement sur sa tombe. Marat reçut le coup de la mort par une quatrième furie enfantée par le fanatisme, production de l'enfer. Ce monstre conserva tout le sang-froid de la férocité; plus tranquillement barbare que *Médée*, elle affirmoit qu'elle n'avoit dirigé ses coups, que pour assurer le bonheur général & la prospérité de la république française. On ne peut répondre à cette exécrable assertion que par ce quatrain :

« Une femme a commis un horrible attentat,
« République, gémis, ton ami, dans la tombe,
« sous un poignard affreux, tranquillement succombe
« et mourut massacré par un assassinat. »

Audience du mercredi 24 mai 1793.

Affaire de Charles-Joseph LESCUYER.

Interrogé de ses noms, surnoms, âge, qualités, lieu de naissance et demeure :

A répondu s'appeler Charles-Joseph Lescuyer, major-général de la cavalerie belgique, âgé de 49 ans, natif de Charleville, y demeurant ordinairement.

Lecture faite de l'acte d'accusation, lorsque les débats furent terminés, que l'accusateur public et Dommanget ont été entendus, le premier en son résumé, le second en sa plaidoierie pour la défense de l'accusé, voici le jugement qui a été rendu :

Le tribunal, d'après la déclaration du jury, portant :

1. Qu'il est constant que le premier avril dernier, le traître Dumourier a délivré un

ordre pour faire arrêter le citoyen Bellegarde, qui se trouvoit alors à Valenciennes.

2. Qu'il est constant que Charles-Joseph Lescuyer, prévôt-général de l'armée du Nord, s'est chargé de cet ordre.

3. Qu'il est constant que Lescuyer a accepté cet ordre dans le dessein de l'exécuter.

4. Que Lescuyer est convaincu d'avoir en partie, exécuté cet ordre, en se transportant des bains de S. Amand à Valenciennes, et en plaçant sur les routes des piquets de cavalerie chargés d'arrêter le citoyen Bellegarde.

Faisant droit sur les conclusions de l'accusateur public, condamne Charles-Joseph Lescuyer, à la peine de mort, conformément à la loi dont il a été donné lecture ; declare ses biens acquis et confisqués au profit de la république ; ordonne que le présent jugement sera exécuté sur la place de la révolution de cette ville, imprimé et affiché par-tout où besoin sera.

L'exécution a eu lieu le même jour 14 août 1793, vers les huit heures du soir.

OBSERVATION sur *Lescuyer, major général de la Belgique.*

Trahi dans la Belgique, trahi à l'armée du Nord

trahi à la Vendée, trahi sur terre, trahi sur mer, enfin trahi de toutes parts, le seul amour des français pour la liberté, pouvoit seul écraser ces horribles tentatives : aussi le perfide *Lescuyer* ne put se soustraire à la punition de ses crimes. Quel rayon d'espérance pour la république ! Malheur à ceux qui maintenant oseront balancer dans leurs démarches ! Périssent les monstres qui tergiverseront, leurs têtes seront garantes de leur scélératesse, & nous immolerons jusqu'au dernier des traîtres, plutôt que de pallier sur leurs forfaits.

Audience du jeudi 18 juillet 1793.

Affaire de MALHERBES *et* LEGROS.

Interrogés de leurs noms, surnoms, âge, qualités, lieu de naissance et demeure :

Le premier a répondu s'appeler Louis-Charles Malherbes, âgé de 20 ans, natif de Caen.

Le second a dit se nommer Antoine-François Legros, peintre, âgé de 31 ans, demeurant ordinairement à Paris.

Un des greffiers donne lecture de l'acte d'accusation; différens témoins entendus et l'accusateur public ayant résumé les charges contre les deux accusés, Gaillard-Laferrière, défenseur de Malherbes, a été entendu en sa plaidoierie; il a fait lecture des piéces et certificats que son client a obtenus, tant à Aix-la-Chapelle qu'à Paris. Il a cherché à intéresser le tribunal en faveur de cet accusé, qu'il a annoncé être un arriére-petit-filsdu poëte Malherbes (qui vivoit sous Henri IV), et se trouvant aujourd'hui seul et unique héritier de son nom.

Le citoyen Lavau a de suite été entendu pour Legros ; il n'a rien négligé pour remplir la confiance que cet accusé avoit mise en lui, en le chargeant de sa défense.

Le président a posé les questions sur lesquelles les jurés, après en avoir délibéré, sont rentrés à l'audience, et ont fait la déclaration suivante, portant : 1° Qu'il est constant que Louis-Charles Malherbes, fils, âgé de vingt ans, ci-devant gentilhomme, natif de Caen, département du Calvados, a émigré hors du territoire de la république, dans le mois de janvier 1792.

2°. Qu'il est constant que Louis-Charles Malherbes est rentré en France, dans le courant de janvier 1793.

3°. Qu'il est constant que le 28 février 1793, il a été procuré audit Malherbes, une carte de citoyen et un certificat de résidence attribués à la section des Arcis.

4°. Qu'il est constant que ces deux piéces sont fausses.

5°. Qu'Antoine-François Legros fils, peintre et officier dans la garde nationale de Paris, demeurant rue de la Tixeranderie, section des Arcis, est l'auteur de la remise de ces deux piéces.

6°. Qu'il est convaincu d'être l'auteur et le complice du faux de ces deux piéces.

7°. Qu'il l'a fait avec des intentions criminelles.

Le tribunal, d'après la déclaration du juré, faisant droit sur les conclusions de l'accusateur public, condamne à la peine de mort Louis-Charles Malherbes, conformément à la loi du 23 octobre dernier, dont il a été donné lecture; ordonne que ses biens demeureront acquis et confisqués au profit de la république.

En ce qui concerne Antoine-François Legros, le condamne à la peine de huit années de fers, conformément à l'art. 44 de la seconde section du tit. 2 de la 2e. partie du code pénal; ordonne qu'il sera exposé pendant 6 heures, sur un échafaud, place de la révolution.

L'exécution a eu lieu, dimanche 21 juillet 1793, à une heure après-midi.

Audience du mardi 22 juillet 1793.

Affaires de Joseph MAZELIER, *ci-devant gentilhomme, prévenu d'émigration, de François-Thomas* BACULARD D'ARNAUD, *et de Jeanne-Antoinette* DAUBRILLY, *femme* D'ARNAUD.

Interrogés de leurs noms, surnoms, âges, qualités, lieu de naissance et demeure :

Le premier a répondu se nommer Joseph Mazelier, âgé de 31 ans, vivant de ses revenus, ci-devant capitaine dans le régiment Royal-Piémont, cavalerie, natif de Castel-Jaloux, département de Lot et Garonne, demeurant à Paris, chez le citoyen d'Arnaud.

Le second a dit s'appeller François Baculard d'Arnaud, âgé de 73 ans, homme de lettres, demeurant à Paris, rue de Vaugirard, section du Luxembourg.

La citoyenne a déclaré se nommer Jeanne-Antoinette Daubrilly femme d'Arnaud.

Le greffier donne lecture de l'acte d'accusation.

Les témoins entendus, l'accusateur public ayant analysé le résultat des charges, Tronçon [illegible], défenseur des accusés, a été [illegible] éloquence. Il n'a rien négligé [illegible] en faveur de ses [illegible] les fragmens de deux épitres [illegible] Frédéric II, imprimées il y [illegible], dans lesquelles l'auteur du *Comte [illegible]*, de *l'Epreuve du sentiment* et des *[illegible] de l'homme sensible*, développe [illegible] la fierté d'un homme libre, ami des [illegible] et de sa patrie. Il a exposé que d'Arnaud, [illegible] sans fortune, a passé sa vie à éclairer ses concitoyens par des ouvrages qui respirent le plus grand amour pour l'humanité : qu'il n'a jamais reçu aucun argent des rois, n'ayant jamais flatté les despotes dans ses écrits : que s'il a négligé de déclarer à sa section qu'il avoit un étranger logé chez lui, et de mettre son nom à la porte extérieure de sa maison, c'est que passant sa vie sur les livres, n'ayant jamais logé personne et ne sortant presque pas, il ignoroit la loi du 26 février dernier.

Voici quelle a été la déclaration du jury et le jugement rendu contre chacun des accusés.

Le tribunal d'après la déclaration des jurés, portant :

1°. Qu'il est constant que Joseph Mazelle

âgé de 31 ans, né à Castel-Jaloux, département de Lot et Garonne, ci-devant noble et capitaine de cavalerie dans le régiment Royal-Piémont, est sorti du territoire de la république en Janvier et Juillet 1792.

2°. Qu'il est également constant que Joseph Mazelier est rentré en France dans les mois d'Avril et Novembre 1792.

3°. Qu'il n'est pas constant que les pièces produites par Mazelier le mettent dans le cas de l'exécution de la loi contre les émigrés.

4°. Qu'il est constant que François-Thomas Baculard d'Arnaud, âgé de 73 ans, homme de lettres, et sa femme, ont reçu chez eux Mazelier sous le nom de Linger.

5°. Qu'il n'est pas constant que François-Thomas Baculard d'Arnaud et sa femme savoient que Linger étoit un émigré.

6°. Qu'il est constant que François-Thomas Baculard d'Arnaud n'a point déclaré au comité de sa section qu'il avoit un étranger logé chez lui sous le nom

Faisant droit sur les conclusions de l'accusateur public, condamne Joseph Mazelier à la peine de mort, conformément à la loi des 23 Octobre et 26 Novembre dernier, dont il a été donné lecture, et que conformément à l'article II de la loi du 10 Mars 1793, ses biens demeureront acquis et confisqués au profit de la république; ordonne que le présent jugement sera exécuté sur la place de la révolution de cette ville.

En ce qui concerne François Thomas-Baculard d'Arnaud, le condamne à deux mois de détention (à compter du jour de son arrestation) conformément à la loi du 26 Fevrier dernier.

A l'égard de Jeanne-Antoinette d'Aubilly, femme d'Arnaud, la déclare acquittée de l'accusation contr'elle intentée à la requête de l'accusateur public: ordonne qu'elle sera sur-le-champ mise en liberté.

Sur la cinquiéme question, plusieurs jurés motivant leurs opinions, ont dit qu'ils ne pouvoient croire que le citoyen d'Arnaud, qui a depuis plus de 40 ans donné des preuves d'amour de la liberté, et qui en a constamment professé les principes, ait pu retirer chez lui un ennemi de la patrie, dans l'intention de le soustraire à la loi.

Sur la demande du citoyen d'Arnaud, le tribunal a ordonné que le lieu de sa détention sera la prison de l'Abbaye.

L'exécution de Mazelier a eu lieu le même ur, vers les huit heures du soir.

OBSERVATION sur *Joseph Mazelier.*

Mazelier a émigré, & *Mazelier*, au mépris de la loi bienfaisante qui accorde un généreux pardon aux transfuges, en y mettant un terme limité, ne rentre dans ses foyers que bien long-tems après, & pour y exciter le trouble, la révolte & la conspiration. Un homme de lettres estimable, l'auteur des *épreuves du sentiment*, *Baculard-d'Arnaud*, inspiré, dirigé, conduit par *Antoinette d'Aubvrilly* sa femme, l'accueille & le recéle. O foiblesse humaine! voilà de tes coups, voilà la philosophie des gens de lettres: un esprit féminin dérange souvent leur systême, leur moralité échoue devant un sexe séduisant; mais *Baculard* n'étoit plus d'âge à être séduit; reste à savoir si Antoinette d'Aubbrilly étoit séduisante.

Audience du jeudi 24 juillet 1793.

Affaire de COCQUEREAU.

Interrogé de ses noms, surnoms, âge, qualités, lieu de naissance et demeure :

A répondu se nommer François-Charles Cocquereau-Boisbernier, âgé de 64 ans, ci-devant noble, ancien officier au régiment de Vermandois, natif d'Angers, et y demeurant.

Le greffier donne lecture de l'acte d'accusation; et les débats terminés, l'accusateur public ayant résumé les charges, et Julienne, défenseur de l'accusé, ayant été entendu en sa plaidoirie, le président a posé les questions, sur lesquelles les jurés ont fait la déclaration suivante, portant :

1. Qu'il n'est pas constant que François-Charles Cocquereau-Boisbernier étoit d'intelligence avec les révoltés de la Vendée.

2. Qu'il est constant que ledit Cocquereau, lors de l'entrée desdits révoltés dans la ville d'Angers, a arboré la cocarde blanche en signe de rebellion.

3. Qu'il est constant qu'il a exécuté comme loix les ordres donnés par lesdits révoltés.

4. Qu'il est constant qu'il a colporté et distribué les proclamations des révoltés, tendantes à la dissolution de la république et au rétablissement de la royauté en France.

5, Qu'il l'a fait avec des intentions criminelles et contre-révolutionnaires.

Le tribunal, après avoir entendu l'accusateur public sur l'application de la loi, condamne François-Charles Cocquereau-Boisbernier à la peine de mort, conformément à la loi du 4 décembre dernier, dont il a été fait lecture; déclare ses biens acquis et confisqués au profit de la république; ordonne que l'écrit portant pour titre : *Hymne*, etc. sera lacéré et brûlé aux pieds de l'échafaud, et que le présent jugement sera exécuté sur la place de la révolution de cette ville, imprimé et affiché dans toute l'étendue de la république.

L'exécution a eu lieu le même jour, sur les six heures du soir.

Audience du jeudi 1er août 1793.

Affaire de COLINET.

Interrogé de ses noms, surnoms, âge, qualités, lieu de naissance et demeure :

A répondu se nommer Pierre-Maurice de la Salle-Chonville, âgé de 39 ans, homme de loi, ci-devant lieutenant-général du bailliage d'Epinal, et commissaire près le tribunal de ladite ville, y ayant pris naissance et y demeurant.

Les témoins entendus, les débats terminés, l'accusateur public résume les charges. Le défenseur ayant été entendu en sa plaidoierie, le président pose les questions.

Le tribunal, d'après la déclaration du jury, portant :

1. Qu'il est constant qu'aux mois de mars et d'avril dernier, il a existé des correspondances avec Mascalon et Mandelly, commis-

sionnaires à Solbac, par l'intermédiaire de Graszely, banquier à Strasbourg, dont l'effet étoit de faire passer des fonds et secours pécuniaires aux ennemis de la république, émigrés en pays étranger.

2. Que Pierre-Maurice Colinet, ci-devant noble et commissaire du pouvoir exécutif, près le tribunal d'Epinal, est convaincu d'avoir entretenu des correspondances, d'avoir fait passer des fonds en pays étranger, et des secours pécuniaires aux ennemis de la république.

Faisant droit sur les conclusions de l'accusateur public, condamne Pierre-Maurice Colinet à la peine de mort, conformément à l'article IV de la premiere section du titre I de la deuxieme partie du code pénal, dont il a été donné lecture; déclare ses biens acquis et confisqués au profit de la république; ordonne que le présent jugement sera exécuté sur la place de la révolution, imprimé et affiché par-tout où besoin sera.

L'exécution a eu lieu le même jour, vers les sept heures du soir.

Audience du mercredi 7 août 1793.

Affaire de JONAS.

Interrogé de ses noms, surnoms, âge, qualités, lieu de naissance et demeure :

A répondu se nommer André Jonas, âgé de 31 ans, gendarme à cheval de la vingt-troisiéme division.

Lecture faite de l'acte d'accusation, les témoins entendus, les débats terminés, le tribunal, d'après la déclaration du jury, portant :

1. Qu'il est constant que dans le courant du mois de mai dernier, il a été tenu sur le boulevard du temple, tant dans le café du citoyen Fillion, sis sur le boulevard, et autres endroits, et à différentes époques, en présence de plusieurs citoyens, des propos attentatoires et insultans à la souveraineté du peuple, tendans à provoquer la dissolution de la république, et le rétablissement de la royauté en France.

2. Qu'André Jonas est convaincu d'avoir tenu ces propos.

3. Qu'André Jonas est convaincu d'avoir tenu ces propos méchamment et dans des

intentions criminelles et contre-révolutionnaires.

Faisant droit sur les conclusions de l'accusateur public, condamne André Jonas à la peine de mort, conformément à la loi du 4 décembre dernier, dont il a été fait lecture; déclare ses biens, si aucuns il a, acquis et confisqués au profit de la république; ordonne que le présent jugement sera exécuté sur la place de la révolution de cette ville, imprimé et affiché par-tout où besoin sera.

L'exécution a eu lieu jeudi 8 août 1793, à onze heures du matin.

Audience du jeudi 15 août 1793.

Affaire de CUSTINES.

Interrogé de ses noms, surnoms, âge, qualités, lieu de naissance et demeure:

A répondu s'appeler Adam-Philippe Custines, ci-devant militaire, aujourd'hui citoyen, âgé de 52 ans, né à Metz, demeurant à Paris rue et hôtel Grange-bateliére.

A lui observé qu'il avoit une autre qualité.

A répondu qu'il étoit général en chef des armées du Nord et des Ardennes.

Le greffier donne lecture de l'acte d'accusation.

Grand nombre de témoins entendus.

L'accusateur public, après avoir fait un rapport succint des combats de la liberté française contre tous les despotes de l'Europe, le parallele de Custines avec Dumourier, et présenté les rapports entre la conduite de ces deux généraux, il démontre les fautes commises par l'accusé dans l'Allemagne, où il a négligé de prendre Manheim, de s'emparer de plusieurs magasins, qu'il auroit pu faire rapprocher sur Landau; il lui reproche d'avoir épargné le prince de Nassau.

D'avoir laissé une trop foible garnison dans Francfort, ou de ne l'en avoir point retirée, ainsi que les munitions, s'il prévoyoit ne pas pouvoir garder cette ville : d'avoir laissé massacrer nos freres, soit par négligence, soit par trahison.

De ne s'être pas assuré des gorges de Drukstal, point important, par lequel il n'ignoroit pas que les Prussiens devoient arriver.

D'avoir toujours opposé des forces inférieures à celles de l'ennemi.

D'avoir fait une retraite précipitée et funeste à notre armée.

D'avoir fait fusiller trois volontaires nationaux, et d'avoir fait grâce à deux soldats de troupe de ligne pour le même fait.

D'avoir fait avertir trop tard les représentans du peuple de sortir de Mayence : d'avoir compromis une division sortie de cette ville, et qui a été forcée d'y rentrer.

D'avoir donné sa démission au moment où il répondoit sur sa tête de cette ville, qu'il a négligé d'approvisionner.

D'avoir, le 17 mai, époque à laquelle il n'étoit plus général de l'armée du Rhin, fait fuir trente mille hommes contre dix mille, et d'avoir ordonné la retraite, au moment où les troupes de la république demandoient à retourner au combat.

De ne s'être pas rendu aussi-tôt après sa nomination, à l'armée du Nord et des Ardennes.

D'avoir, à l'instar de Dumourier, pris la désorganisation de son armée pour prétexte de n'avoir pu secourir Condé, de s'être opposé à l'exécution d'un plan qui devoit dégager cette ville et celle de Valenciennes.

D'avoir commandé d'extraire de Lille 76 bouches à feu, d'avoir insisté malgré les observations de Favart, commandant de la place.

Enfin de s'être environné d'officiers convaincus d'aristocratie, et d'avoir par-tout trahi les intérêts de la république.

Tronçon-Ducoudrai, défenseur de l'accusé, prévient le tribunal que la défense de Custines étant divisée en deux parties, l'accusé va commencer par plaider lui-même la partie relative aux opérations militaires, et qu'ensuite il plaidera les faits étrangers à la partie militaire.

Custines repasse en revue tous les reproches que lui fait l'accusateur public; il répete ce qu'il a déja dit sur la plus grande partie de ces faits.

Il parle une heure et demie.

Tronçon Ducoudray prend ensuite la parole, et est écouté dans le plus grand silence.

Le président fait un résumé dans lequel il dépeint la conduite de Lafayette, de Dumourier et de Custines. Il pose les questions; les jurés se retirent pour délibérer: leur déclaration fait rendre le jugement suivant.

(27 août, 9 heures du soir.)

Le tribunal, d'après la déclaration du Jury, portant

Qu'il est constant que pendant le cours de la guerre actuelle, il a été entretenu des manœuvres et intelligences criminelles avec les ennemis de la république, tendantes, soit à faciliter leur entrée sur le territoire français, soit à leur livrer des places, magasins appartenans à la France.

2. Qu'il est constant que, par suite de ces manœuvres et intelligences, les villes de Francfort, Mayence, Condé et Valenciennes, sont tombées au pouvoir des ennemis.

3. Qu'Adam-Philippe Custines, ci-devant général en chef des armées du Rhin et de la Moselle, et depuis de celles du Nord et des Ardennes, est convaincu d'avoir coopéré auxdites manœuvres et intelligence.

Après avoir entendu l'accusateur public sur l'application de la loi, faisant droit sur ses conclusions, condamne Adam-Philippe Custines à la peine de mort, conformément à l'article IV de la section premiere du titre premier de la seconde partie du code pénal, dont il a été donné lecture; déclare ses biens acquis et confisqués au profit de la république, conformément à l'article II de la loi du 18 mars dernier; ordonne qu'à la poursuite et diligence de l'accusateur public, le présent jugement sera exécuté sur la place de la révolution de cette ville, imprimé et affiché dans toute l'étendue de la république.

Cofinhal, président, immédiatement après

que les jurés ont eu fait leur déclaration, et avant que l'accusé fût rentré à l'audience, a invité le peuple immense qui remplissoit l'auditoire, de ne donner au jugement qui alloit être rendu, aucun signe d'approbation ni d'improbation; que Custines, d'après la déclaration du jury, n'appartenoit plus à la république, mais à la loi qui alloit le frapper; qu'il falloit, comme homme, le plaindre de ce qu'il ne s'étoit pas mieux conduit.

Custines est entré marchant d'un pas grave et accompagné d'une nombreuse escorte de gendarmerie. Le silence qu'il vit regner dans l'auditoire, les bougies qu'il n'avoit point encore vu allumées depuis le commencement des débats, tout cela parut faire une vive sensation sur lui; s'étant assis, il promena ses regards autour de lui.

Le président lui fit part de la déclaration des jurés à son égard, en lui annonçant que la premiere question avoit eu une majorité de dix voix sur onze, la seconde neuf sur onze, et la troisieme huit.

L'accusateut public ayant fait lecture de la loi, et ayant conclu à son application contre Custines, le président a observé à l'accusé qu'il pouvoit, soit par lui-même, soit par l'organe de ses défenseurs, faire taire des observations sur la loi invoquée par l'accusateur public.

L'accusé regardant de nouveau autour de lui, et n'appercevant plus Tronçon-Ducoudray son défenseur, ni N.... son conseil qui étoient sortis si-tôt la déclaration du jury, voyant qu'ils n'avoient plus rien à dire en faveur de leur client, il se retourna vers le tribunal et dit : *je n'ai pas de défenseurs, ils se sont évanouis, ma conscience ne me reproche rien, je meurs calme et innocent.*

Il a entendu ensuite le prononcé de son jugement avec assez d'indifférence, en fixant l'auditoire qui a demeuré avant et après, dans le plus grand calme, tandis que l'on entendoit des claquemens de mains de la part de ceux qui, n'ayant pu entrer, apprenoient par les citoyens qui sortoient, ce qui se passoit dans l'audience.

Mercredi 28 août 1793, vers dix heures et un quart du matin, après 16 jours d'audience, Custines est sorti de la prison dite la conciergerie; le long de la route il fixoit le ciel et la multitude. Arrivé au lieu de l'exécution, il s'est mis à genoux sur les premiers dégrés de l'echelle, puis se relevant, il a jetté les yeux sur le fer fatal, et est monté sur l'échafaud avec assez de courage.

OBSERVATION sur *Custines.*

Faux comme un jetton, rusé comme un renard; hypocrite comme un pape, scélérat comme un Lafayette, traitre comme un *Dumourier*, de la noblesse, ce général séduisit jusqu'à son propre fils, & en forma un monstre ressemblant en tous points à son modele. Impudent dans ses interrogations, tour-à-tour menaçant & suppliant le peuple assistant de ses regards, l'instant de sa condamnation dévoila l'impureté de son âme. Aux armées, il faisoit le brave; mais en tyran affreux, détenu, il fut souple & bas : condamné, il fut comme un capucin, & mourut en scélérat humilié, mais incapable de remords.

Audience du mardi 21 août 1793, de relevée.

Affaire des vingt-sept habitans de Rouen, prévenus d'être les auteurs et instigateurs de l'attroupement qui a eu lieu dans cette ville les 11 et 12 janvier dernier; d'avoir foulé aux pieds les couleurs nationales, et arboré la cocarde blanche.

Lecture faite de l'acte d'accusation, grand nombre de témoins entendus, le jeudi 5 septembre 1793.

L'affaire de Rouen a été terminée aujourd'hui entre onze heures et minuit. Voici le jugement qui a été rendu :

Le tribunal, d'après la déclaration du jury de jugement, portant :

1. Qu'il est constant, que les onze et douze janvier dernier, il a existé dans la ville de Rouen des attroupemens séditieux, propres à y fomenter la guerre civile, en armant les citoyens les uns contre les autres.

2. Que Jacques Leclerc est convaincu d'avoir, par ses écrits, été l'un des instigateurs desdits attroupemens.

3. Qu'il a agit méchamment et avec des intentions contre-révolutionnaires.

4. Que Georges-Michel Aumont est convaincu d'avoir été l'un des instigateurs desdits attroupemens, en les provoquant par le placard qu'il a fait imprimer et afficher dans ladite ville de Rouen, portant invitation aux citoyens de se rendre chez lui, pour y signer une prétendue adresse à la convention.

5. Qu'il a agi méchamment et avec des intentions contre-révolutionnaires.

6. Qu'il est constant que par le fait de ceux qui composoient lesdits attroupemens, les cris séditieux de *vive le roi* se sont fait entendre ; que des cocardes nationales ont eté arrachées et foulées aux pieds, et que les citoyens qui se refusoient à livrer leurs cocardes, ou à

crier, *vive le roi*, ont été grièvement battus et maltraités; que la cocarde blanche a été arborée, que l'arbre de la liberté a été scié et brûlé.

7. Que Jean-Baptiste Henri est convaincu de s'être livré auxdits excès.

8. Qu'il l'a fait méchamment, et avec des intentions criminelles et contre-revolutionnaires.

9. Que Joseph-François Maubert est convaincu de s'être livré auxdits excès.

10. Qu'il l'a fait avec des intentions criminelles et contre-révolutionnaires.

11. Qu'Aubin Mérimé est convaincu de s'être livré auxdits excès.

12. Qu'il l'a fait méchamment et avec des intentions criminelles et contre-révolutionnaires.

13. Que Catherine-Louise-Honoré Ruffin, femme Drieux, est convaincue de s'être livrée auxdits excès.

14. Qu'elle l'a fait méchamment et avec des intentions criminelles et contre-révolutionnaires.

15. Que François Bottais est convaincu de s'être livré auxdits excès.

16. Qu'il l'a fait méchamment et avec des intentions criminelles et contre-révolutionnaires.

17. Que Jacques Eudeline est convaincu de s'être livré auxdits excès.

18. Qu'il l'a fait méchamment et avec des intentions criminelles et contre-révolutionnaires.

19. Que Pierre Delalonde est convaincu de s'être livré auxdits excès.

20. Qu'il l'a fait méchamment et avec des intentions criminelles et contre-révolutionnaires.

Après avoir entendu l'accusateur public sur l'application de la loi, condamne les susdits nommés à la peine de mort, conformément à l'art. II de la deuxiéme section du titre premier de la seconde partie du code pénal, dont il a été fait lecture, et qui est ainsi conçu:

« Toutes conspirations et complots tendant à troubler l'état par une guerre civile, en armant les citoyens les uns contre les autres, ou contre l'exercice de l'autorité légitime, seront punis de mort. »

Et encore à la loi du 4 décembre dernier, dont il a été fait lecture, laquelle porte :

« Quiconque proposeroit ou tenteroit d'établir en France la royauté ou tout autre pouvoir attentatoire à la souveraineté du peuple, sous quelque dénomination que ce soit, sera puni de mort. »

Ordonne que conformément à l'article II

du titre II de la loi du 10 mars dernier, les biens appartenans aux ci-dessus condamnés, si aucuns ils ont, seront confisqués au profit de la république: comme aussi que le présent jugement sera, à la diligence de l'accusateur public, mis à exécution sur la place de la révolution de cette ville, imprimé, publié et affiché par-tout où besoin sera.

En ce qui concerne Françoise-Candide Lebreton, Pierre Lecointe, Rose Flêche, Charles-François Delamarre, Louis-Jacques Langlois, Henri Godet, Jean-Baptiste Lecomte, Jean-Baptiste Tesson, Louis-Charles Taunésy, Jean-François Duval, Marie-Elisabeth Lefaux, femme Vrard, Jacques-Charles Petit et Jean-Baptiste Lecable, les déclare acquittés de l'accusation contre eux intentée, à la requête de l'accusateur public; ordonne qu'ils seront mis en liberté dans les vingt-quatre heures.

Ce jugement a été rendu dans la nuit du 5 au 6 septembre, et l'exécution a eu lieu le 6, sur la place de la révolution, environ une heure après midi.

La femme Drieux s'étant déclarée enceinte, il a été sursis à son exécution; mais d'après les rapports des médecins et chirurgiens asser mentés au tribunal, qui constatent qu'elle ne l'est pas, le tribunal a rendu un nouveau jugement, portant que le jugement du 5 septembre sera exécuté; en conséquence ladite femme Drieux sera mise à mort le 8 septembre.

Noms, surnoms qualités, lieux de naissance et demeures desdits prévenus de contre-révolution.

1. Jacques Leclerc, âgé de 32 ans, natif de Pont-Audemer, département de l'Eure, rédacteur de la chronique nationale et étrangère, demeurant à Rouen, chef lieu du département de la Seine-Inférieure, rue Dinandière.

2. Georges-Michel Aumont, âgé de 42 ans, natif de Rouen, y demeurant, place de la Rougemarre, n°. 7, homme de loi.

3. Jean-Baptiste Henri, âgé de 18 ans, natif d'Aumale, département de la Seine-inférieure, demeurant à Rouen, à l'enseigne de la Croix-blanche, tailleur d'habits.

4. Guillaume-Thomas Lévêque, âgé de 15 ans et demi, natif de Rouen, demeurant audit Rouen, chez son pere, maître de pension, rue du petit Molevrier, n°. 19, mort en prison.

5. Françoise-Candide Lebreton, âgée de 16 ans et demi, native de Rouen, y demeurant,

place de la Rougemarre, chez sa mere, qui, ainsi qu'elle, travaille en linge.

6. Pierre Lecointre, âgé de 25 ans, natif de Rouge-Moutier, département de la Seine-Inférieure, demeurant rue Orbe à Rouen, domestique de Malherbe, ci-devant lieutenant des maréchaux de France.

7. Joseph-François Maubert, âgé de 18 ans, natif de Changeneteix, département de la Sarthe, demeurant à Rouen, rue de la Perle, domestique, au service du citoyen Guillebeau, homme de loi.

8. Rose Flêche, âgée de 21 ans, native de Cretteville, département de la Seine-Inférieure, demeurant à Rouen, rue du grand Molevrier, domestique du citoyen Besson, sculpteur.

9. Charle-François de la Marre, âgé de 18 ans, natif de Liancourt, département de l'Eure, demeurant rue de l'école, n°. 12, à Rouen, domestique du citoyen Piperey, ci-devant conseiller au parlement de Rouen.

10. Aubin Mérimé, âgé de 42 ans, natif de Saint-Aubin-sur-Isle, département du Calvados, demeurant rue de l'hôpital à Rouen, cocher du citoyen Derval-d'Angeville ci-devant capitaine au régiment de la ci-devant Reine.

11. Louis-Jacques Langlois, âgé de 18 ans; natif de Vénage, département de l'Eure, rue de la Seille à Rouen, domestique du citoyen Ratteport, ex-chevalier de Saint-Louis.

12. Henry Godet, âgé de 35 ans, natif d'Andrecy, département de Seine et Oise, demeurant rue de la Seille à Rouen, domestique du citoyen Asselin, ci-devant maître des requêtes.

13. Catherine-Louise-Honoré Ruffin, âgée de 31 ans, veuve de Jacques-François-Thomas Hédon, et femme de Pierre-Louis Dieux, ci-devant marchand pelletier, demeurant rue du Petit-Molevrier, n°. 8, ouvriére en robes.

14. François Bottais, âgé de 21 ans, natif de Boudeville, département de la Seine-Inférieure, demeurant à la Boissiére de Saint-Martin-le-blanc, même département, meûnier.

15. Jacques Eudeline, âgé de 32 ans, natif de Campeaux, département du Calvados, demeurant rue Bourg-l'Abbé à Rouen, domestique du citoyen Decreny.

16. Jean-Baptiste Lecomte, âgé de 41 ans, natif de Saint-Jean-de-Boussey, département de l'Eure, commis chez la citoyenne Lefêvre, commissionnaire, rue du Vieux-Palais à Rouen.

17. Jean-Baptiste Tesson, âgé de 53 ans, natif de Rouen, y demeurant, rue Gautry.

18. Pierre Delalonde, âgé de 22 ans, natif de Deville, département de la Seine-Inférieure, demeurant rue Beauvoisine à Rouen, domestique du cit. Lafavierre, ex-trésorier de France.

19. Louis-Charles Taunéfy, âgé de 22 ans, natif du bois-Guillaume, demeurant rue du ci-devant Roi, fauxbourg Cochoise, à Rouen, charretier du citoyen Poitevin.

20. Jean-François Duval, dit Cadet, âgé de 31 ans, natif de Rouen, y demeurant fauxbourg S. Hilaire, écailleur.

21. Marie-Elisabeth Lefaux, femme de Guillaume Vrard, mercier, âgée de 24 ans, native d'Elbœuf, demeurant place de la Rougemarre à Rouen.

22. Jacques-Charles Petit, âgé de 48 ans, natif de Veirron, département de l'Eure, demeurant rue du Vieux-Palais, à Rouen, surnuméraire dans les bureaux d'enregistrement.

23. Jean-Baptiste Lecable, âgé de 33 ans, natif de Bretaux, demeurant rue et fauxbourg Bouvreuil à Rouen, domestique du citoyen Demoy, ci-devant conseiller au parlement.

OBSERVATION sur les neuf condamnés de Rouen, lors de la sédition & détestable manœuvre des 11 & 12 janvier 1793, (vieux style.)

Le noyau d'aristocratie du département de Seine-inférieure; se manifeste & se développe à Rouen : un nombre infini de conspirateurs leve la tête, les 11 & 12 janvier 1793, (vieux style.) Il employe toutes les ruses, toutes les bassesses, toutes les perfidies pour séduire & corrompre. L'arbre de la liberté est scié & abattu, prêt à être réduit en cendres : grâces aux soins actifs des patriotes, cette opération contre-révolutionnaire est arrêtée dans son origine, & vingt-sept de ces grands coupables sont traduits au tribunal révolutionnaire de *Paris*, au grand mécontentement des aristocrates de *Rouen*.

Neuf, seulement, reçurent le châtiment de leurs forfaits. Dans les premiers tems de la révolution, les tribunaux inquisitoriaux avoient déjà assassiné juridiquement *Bordier*, artiste des variétés, & *Jourdain*; & Flambart, le bourreau de Rouen, pressa leur perte. Depuis les autorités furent renouvellées quantité de fois, & leurs membres dissouts. Ce n'est que par hazard même que le citoyen *Tisset*, éditeur de cet ouvrage, échappa à leur fureur destructive & *potenciaire*.

Ils l'ont détenu dans leurs cachots, & enchérissant sur les maximes barbares des despotes, ils l'ont interrogé, chargé de fers, pour avoir propagé les maximes de l'indépendance & la haine des loix tyranniques.

Maintenant les autorités constituées sont à la hauteur de la *révolution*, elles estiment & chérissent les *sans-culottes*, malgré que les aristocrates les traitent de *carabots*.

Ces mêmes *carabots*, suivant l'expression des malveillans, ne furent armés, qu'après que les piques furent fabriquées & serrées par ordre des autorités dans le vieux palais. A cette époque, le citoyen Tisset multiplia ses lettres au ministre, relativement à cet objet, elles ont toutes été sans effet, puisqu'ils n'ont été armés qu'un an après cette fabrication.

Les adjudications à Paris, ont été fixées à 8 l. 10 f. chaque pique, à Rouen; ils en ont mis le prix aux fabricans jusqu'à douze l. 10 f. & cependant les fers étoient de trois par cent, meilleur marché qu'à Paris, ainsi que la main-d'œuvre. En ce tems, le ci-devant *Marquis d'Herbouville* étoit président du département. Ainsi que ses consorts, ils menacérent le citoyen Tisset pour ses observations, quoiqu'il fût autorisé de les faire.

Le maire *Fontenay*, pour comble d'injustice, souffrit qu'on le forçât de donner un désistement de la plainte qu'il avoit formée contre le nommé *Moreinville*, négociant, & ses consorts, qui se résolut d'enlever avec violence des écuries de la république, un cheval qu'il étoit autorisé à lui saisir. Le maire *Fontenay* y mit de la foiblesse, en faisant remettre le cheval, & *Tisset* fut obligé de se résigner à leurs volontés.

Tisset peut encore dénombrer mille abus de ce genre, il l'a vainement essayé, sans pouvoir parvenir à les faire réprimer.

N. B. Le citoyen Tisset ajoute que l'un des neuf condamnés, le Clerc, fut arrêté par lui, d'après les ordres qu'il tenoit, pour avoir récriminé contre les autorités constituées, & improuvé l'insurrection du 10 août, dans les journaux contre-révolutionnaires dont il étoit le rédacteur; ce qui prouve qu'il étoit gangrené d'aristocratie.

Audience du vendredi 6 septembre 1793.

Affaire de TONDUTI.

Interrogé de ses noms, surnoms, âge, qualités, lieu de naissance et demeure :

A répondu se nommer Jacques-Constant, Tonduti la Balmaudière, âgé de quarante-deux ans, natif de Rou[illegible]ne, département de Saône et Loire, ci-devant noble et lieutenant au régiment ci-devant *Monsieur*, infanterie, et actuellement négociant, demeurant à Paris depuis le mois de novembre dernier.

On donne lecture de l'acte d'accusation.

Après un débat de dix-huit heures, les témoins entendus, le jugement suivant a été rendu.

Le tribunal, d'après la déclaration du jury, portant :

1. Qu'il est constant que Jacques-Constant Tonduti la Balmaudière, ci-devant noble et ancien lieutenant d'infanterie au régiment ci-devant Monsieur, a émigré du territoire de la république dans le courant de juillet 1792.

2. Qu'il est constant que ledit Tonduti est

rentré sur le territoire de la république, et qu'il y est resté au mépris de la loi du 28 mars dernier.

3. Qu'il est constant que ledit Tonduti a par ses écrits, ses propos et sa correspondance, provoqué le rétablissement de la royauté en France.

Faisant droit sur les conclusions de l'accusateur public, condamne ledit Tonduti à la peine de mort, conformément à la loi du 28 mars dernier, dont il a été donné lecture; déclare ses biens acquis et confisqués au profit de la république; ordonne qu'à la requête, poursuite et diligence de l'accusateur public, le présent jugement sera exécuté sur la place de la révolution, imprimé et affiché dans toute l'étendue de la république.

Le condamné après le prononcé du jugement, a dit: *vous me condamnez à la mort, je saurai la subir.*

L'exécution a eu lieu samedi 7 septembre, à onze heures du matin.

Audience du mercredi 11 septembre 1793.

Affaire de BAIN.

Interrogé de ses noms, surnoms, âge, qualités, lieu de naissance et demeure :

A répondu se nommer Jean-Charles Bain, âgé de 40 ans, huissier, natif d'Ingrande-sur-Loire, résident ordinairement à Angers.

Le greffier donne lecture de l'acte d'accusation.

Les débats terminés, l'accusateur public entendu en son résumé, Gobert, défenseur de l'accusé, en sa plaidoierie, le président a posé les questions, qui ont provoqué le jugement suivant.

Le tribunal, d'après la déclaration unanime du jury, portant :

1°. Qu'il est constant que lors de l'évacuation de la ville d'Angers par les patriotes, la cocarde blanche a été arborée dans cette ville.

2°. Que Jean-Charles Bain, huissier, est convaincu d'avoir arboré cette cocarde.

3°. Qu'il l'a arborée sans y avoir été forcé

4°. Qu'il est constant qu'il a existé dans le département de Maine et Loire, une conspiration et complot, tendant à troubler la république par une guerre civile, en armant les citoyens les uns contre les autres, et contre l'exercice des autorités légitimes.

5°. Que Jean-Charles Bain est convaincu d'avoir coopéré à ces conspirations et complots.

Faisant droit sur les conclusions de l'accusateur public, condamne Jean-Charles Bain à la peine de mort, conformément à l'article deux de la section premiere du titre premier de la deuxieme partie du code pénal, dont il a été donné lecture : déclare ses biens, si aucuns il a, acquis et confisqués au profit de la république : ordonne que le présent jugement sera exécuté sur la place de la révolution, imprimé et affiché dans toute l'étendue de la république.

L'exécution a eu lieu le même jour, 11 septembre, entre cinq et six heures du soir.

OBSERVATION *sur Jean-Charles Bain.*

Un des plus infames brigands de la république, un des monstres reconnus pour provoquer le crime, c'est *Jean-Charles Bain*, qui arbore dans *Angers*, la cocarde blanche avec la plus criminelle des audaces, qui donne le baiser fraternel aux principaux chefs des révoltés, & qui, au tribunal révolutionnaire, proteste contre les délits qui lui sont imputés. L'indignation publique le conduisit de la maison de justice à l'échafaud. Il prononça là un *meâ culpâ* bien tardif. A qui la faute ?

DÉCRET

DE LA CONVENTION NATIONALE,

Du 12e. jour du 2e. mois de l'an 2e. de la république française, une et indivisible.

Portant que les conspirateurs de Bordeaux et de Lyon seront renvoyés aux tribunaux révolutionnaires ou commissaires militaires établis dans ces deux villes.

La convention nationale, sur la proposition d'un membre, décrète que ceux qui sont prévenus d'avoir pris part aux conspirations qui ont éclaté dans Bordeaux et Lyon, seront renvoyés aux tribunaux révolutionnaires et commissions militaires établis dans ces deux villes pour le jugement des coupables.

Visé par l'inspecteur. Signé *S. E. MONNEL.*

Collationné à l'original par nous président et secrétaires de la Convention nationale. A Paris, le 12e. jour du 2e. mois de l'an 2e. de la république, une et indivisible. *Signé* M. BAYLE, *président*; P. FR. PIORRY et CHARLES DUVAL, *secrétaires.*

Au nom de la république, le conseil exécutif provisoire mande et ordonne à tous les corps administratifs et tribunaux, que la présente loi ils fassent consigner dans leurs registres, lire, publier afficher et exécuter dans leurs départemens et ressorts respectifs ; en foi de quoi nous y avons apposé notre signature et le sceau de la république. A Paris, le douziéme jour du second mois de l'an second de la république française, une et indivisible. *Signé* GOHIER, président du conseil exécutif provisoire. *Contresigné* GOHIER. Et scellé du sceau de la république.

Certifié conforme à l'original.

LISTE

Des contre-révolutionnaires, & des autres généraux révoltés de la ci-devant ville de Lyon, condamnés à être fusillés par jugement de la commission militaire, établie en cette commune, par décret de la convention nationale, depuis le 12 octobre jusqu'au 15 novembre de la courante année, (vieux style.)

Barthélemi Ferrus-Piantigny, natif de Lyon, ci-devant noble, capitaine, aide-de-camp du général Precy, jugé le 12 octobre 1793, vieux style.

Louis Elzéa-Villeneuve, né à Aix, département des Bouches-du-Rhône, ci-devant noble, aide-de-camp de Precy, jugé le même jour.

François-Joseph Lebon, né à Joinville, département de Haute-Marne, vérificateur de la régie nationale, aide-de-camp de Precy, jugé le même jour

Joseph Smith, né à Paris, ingénieur-mécanicien, lieutenant-colonel d'artillerie, jugé le 13 du même mois.

Louis Griffet-Labeaume, né à Moulins, département de l'Allier, ingénieur des ponts et chaussées, lieutenant-colonel du génie, jugé le 14 du même mois.

Henri-Isidore de Mélon, natif de Montpellier, ci-devant noble, colonel, adjudant-général de Precy, jugé le même jour.

Abel-Claude Vichi, né à Lyon, ci-devant noble, aide-de-camp, jugé le 15 dudit mois.

Jean-Pierre Chapuy-Maubou, né à Montbrison, ci-devant noble, capitaine des chasseurs à cheval, jugé le même jour.

Jean-Marie-François Bémani, né à Milan, rentier, officier municipal provisoire, envoyé par les tyrans coalisés.

Jean-Baptiste Ité, né à Lyon, observateur de justice, provocateur au pillage, repris de justice et déserteur, jugé le 29.

Charles Pringuet, né à Gand, Pays-Bas Autrichien, sans état, aide-de-camp, j. le 30.

Jacques-Gaspard Loppin, né à Beaune, département de la Côte-d'Or, rentier, commandant le camp des Broteaux, jugé le 31.

Claude Cudel-Montcollomb, natif de Marcigny-sur-Loire, ci-devant noble, émigré, neveu du général Precy et son aide-de-camp, jugé le 2 novembre,

Jean-Jacques Boulay, né à Lyon, ouvrier en soie, lieutenant-colonel, jugé le 8.

Jacques Moley, né à Besançon, arpenteur, lieutenant-colonel d'artillerie, jugé le 8.

François Jacob, né à Vesoul, en Franche-comté, hussard du 1er régiment, ci-devant Berchigny, déserteur, combattant avec les rebelles contre l'armée républicaine, jugé le 8.

Daniel Joanin, né à Rilsem, aussi hussard audit régiment, déserteur et combattant avec les rebelles, jugé le même jour.

Louis-Julien Devinesac, né à l'Argentiére, département de l'Ardêche, ci-devant noble, rentier, officier municipal provisoire envoyé par les tyrans coalisés, jugé le 17 dudit mois.

François Privat, né à Millery, dans le Lyonnois, huissier, officier municipal provisoire, jugé le même jour.

Etienne-Gustave Buisson, né à Lyon, architecte, capitaine des chasseurs à cheval, jugé le même jour.

Charles-Gaspard Clermont-Tonnerre, né à Paris, ci-devant noble, commandant, jugé le 18 dudit mois d'octobre.

Alexandre-Marie Perrache, né à Empus, département du Var, ci-devant noble, commandant la batterie Neyrac aux Broteaux, jugé le 19 dudit mois.

Jean-François Martin, né à Genève, horloger, lieutenant-colonel d'artillerie, j. le 21.

Pierre Chapuy-Maubon, natif de Montbrison, ci-devant noble, lieutenant des bombardiers, jugé le 24.

Jean Rimberg, natif du Pays-de-Vaux en Suisse, ci-devant officier dans les troupes de Hollande, général, jugé le 25.

Jean-Jacques Millanois, né à Lyon, ex-constituant aux années 1789, 90 et 91, lieutenant-colonel d'artillerie, jugé le 28.

Benoît-Nizier Servier, né à Lyon, premier adjudant-général, jugé le 11.

Benoît Boirivent, natif de Lyon, teneur de livres, secrétaire de Precy, jugé le 11.

Pierre Latour, né à Lyon, herboriste, capitaine, jugé le 11.

Jean Patural, de Leigneux en Forez, ci-devant diacre, instigateur, jugé le 11.

Jean-Baptiste Morel, né à Lyon, marchand, officierdans la force départementale,instigateur.

Théophile Seiz, natif du duché de Virtemberg, commis de magasin, officier dans la force départementale, instigateur.

Claude-Antoine Praire, né à S. Etienne, marchand, commandant de bataillon, instigateur.

Jean-Guillaume Savaron, né à Lyon, ci-devant noble, commandant des Vétérans, instigateur.

Jean-Baptiste Portal, né à Lyon, cabaretier, assassin du patriote Marc, horloger.

Gilibert Denojean, né à Pont-de-Vaux, dép. de l'Ain, serrurier, officier, instigateur.

Antoine André, né à Rozay, ci-devant Dauphiné, marchand drapier, commandant de l'Arsenal.

Jean-Pierre Vaugirard, né à Chaudieu, district de Montbrison, ci-devant noble, instigateur, refugié en cette ville.

Jean-Pierre Glausinger, né à Virtemberg, sculpteur, fabricateur de faux assignats, instigateur.

Ignace-Joseph Soulier, né à Avignon, marchand, aide-de-camp.

Dominique Bouchu, né à Lyon, marinier, officier, instigateur.

Germain Villard, né à Lyon, marchand sur la riviere, officier, instigateur, chargé de porter à Paris le vœu du fédéralisme.

Jean-Baptiste Mollet, né à Lyon, marchand, lieutenant-colonel.

Charles-Benoît Chambarant, né à Montbrison, ci-devant noble, commandant les redoutes des Massues.

Ignace-Joseph Soullier, né à Avignon, voyageur dans la chapelerie, officier, instigateur.

AVIS AUX LECTEURS.

L'éditeur des travaux utiles *de notre-dame sainte Guillotine*, prévient ses lecteurs, qu'il n'a pas prétendu ne donner aux curieux qu'une simple notice *de noms et d'adresses*, qui dans l'avenir ne pourroit servir de renseignemens. Il est utile que la postérité sache à quoi s'en tenir sur les crimes des scélérats ennemis de la république.

Cet ouvrage ne sauroit être complet, sans l'historique exact des délits, noms, qualités des criminels des différens départemens, notamment de *Ville-affranchie*, dite du tems barbare, *ville de Lyon*.

La Vendée, *Toulon*, *le Mans*, *Marseille*, *Bordeaux*, *Arras*, ajoutent à cette immense et funeste collection.

Résolu de la poursuivre pour l'instruction et l'utilité publique, à la continuation suivante, l'éditeur se propose, comme aux éditions qui serviront de suite, jusqu'à la tranquillité de la république, et l'anéantissement des tyrans, d'y ajouter des observations non moins intéressantes qu'au premier volume.

Fin du 1er volume. La suite sous presse.

On trouvera des exemplaires de cet ouvrage à l'adresse ci-dessous.

De l'imp. de Vezard et le Normant, rue du Muséum, ci-devant des Prêtres Saint-Germain-l'Auxerrois.

www.ingramcontent.com/pod-product-compliance
Ingram Content Group UK Ltd.
Pitfield, Milton Keynes, MK11 3LW, UK
UKHW020142220726
13923UKWH00001B/311